사주의 위로

사주의 위로

삶이 흔들리는 당신에게

명리학이 전하는 말

손철호 지음

명과 운

팔자 안에서 자유롭게

집과 상담실을 자전거로 오간다. 편도 40여 분이 걸린다. 매일 같은 길을 나의 속도로 지난다. 명리학 연구와 사주 상담을 업으로 하다보니 자꾸 운동과 멀어져 시작했는데 날씨에 따라 고될 때도 있지만 대체로 아주 만족한다. 밀리는 도로와 경적 소리에서 해방되는 것, 몸을 움직이면서 자연스럽게 뇌가 깨어나는 것, 돌발 상황 없이 일정하게 사무실에 도착할 수 있는 것, 온전히 사주팔자에 대해 탐구할 수 있는 시간을 얻는 것도 행복이지만 무엇보다 매일 조금씩 달라지는 풍경을 마주하는 것이 큰 매력이다. 자전거를 타고 이동하면서 밀려드는 봄을, 쏟아지는 여름을, 무르익은 가을과 고요한 겨울을 경험했다. 늘 같은 길을 가지만 단 하루도 같은 풍경이 없었다. 초록은 어제보다 더 짙어졌고, 꽃은 몽우리에서 잎을 떨어뜨리기까지 천천히 달라졌다. 바람이 매번 풀의 움직임을 바꾸었으며 온도와 습도와 구름의 모양과 햇빛의 세기까지 어느 하나 새롭지 않은 것이 없었다. 그 모든 것이 경이롭고 아름다웠다. 자전거를 타고 달리면서 매일 감탄을 했다.

이런 자연의 변화를 일으키는 것이 바로 시간이다. 시간은 가장 위대한 단어로, 모든 것을 변화시키는 힘이다. 사람의 운運 역시 시간에 따라 끊임없이 변화한다. 단 한순간도 변화 없이 유지되거나 머물러 있을 수 없다.

우리 모두가 맞이하는 운은 변화가 핵심이고, 그것은 시간의 흐름이 결정하게 된다. 지금 좋은 운을 만나면 무엇이든지 할 수 있지만, 자신만만한 사람도 결국 쇠퇴하고 죽음을 맞이할 수밖에 없다. 이는 국가도 마찬가지다. 인류의 모든 역사가 그것을 증명하고 있다. 반대로 지금 죽을 듯 힘든 상황에 놓인 사람이나 국가도 결국 다시 일어나 광명의 순간을 맞는 경우가 많다. 이것이 시간이 우리에게 선사하는 선물이자 가르침이다. 지금 잘된다고 자만하지 말고, 지금 힘들다고 포기하거나 주저앉지 말아야 한다. 결국 이 순간은 지나고, 상황은 달라지고, 모든 것은 변화한다.

그럼에도 세상은 안타깝게 흘러간다. 꽃 같은 아이들이 경쟁에 지쳐 스스로 목숨을 버리고 한창 일할 나이라는 청년, 안정기에 접어든 중년, 인생의 이치를 깨달았을 법한 노년, 어느 세대 하나 예외 없이 스스로 삶을 끊는 이들이 늘어난다. 기꺼이 살기보다 기어이 죽음을 택하는 사람들이 많아지는 이유는 사회 구조의 문제다. 우리 사회의 구성원들은 다른 이의 삶에 천착한다.

우리나라는 극단적인 엘리트 중심의 구조 위에서 성장했다. 식민지 시대와 전쟁을 거치며 폐허가 된 나라를 빠르게 일으키는 과정에서 우리 사회는 '특별한 소수'에 의존하도록 만들어졌다. 성공한 기업가, 잘나가는 스타, 금메달리스트. 모든 자원을 '될 것 같은' 한 사람에게 몰아주는 것을 당연히 여겼다. 학교에서는 전교 1등 한 명을 위해 평범한 학생들이 존재했고, 집안에서는 장남 한 사람의 출세가 가족 전체의 미래를 결정했다.

우리는 너무 오랫동안 '최고의 한 사람'이 되기 위해 달려가야 한다는 믿음에 갇혀 살았다. 똑같은 기준에 맞춰 비슷하게 공부하고, 비슷하게 일하고, 비슷하게 늙어야 한다는 사회적 압박은 '다름'을 결함으로 규정했다. 그렇게 남들처럼 살아야 한다는 강박이 비극을 낳고 있다. 하나의 기준만을 강요하는 문화 속에서 자기 자신으로 살 수 없게 된 사람들이 스스로를 포기하는 것이다.

그렇게 다 포기해버리고 싶은 날들이 수없이 반복되겠지만 절대로 포기해서는 안 되는 이유가 무궁무진하다. 일단 그게 무엇이건 당신 탓이 아니다. 또 그저 우리는 모두 서로 다른 삶의 과정을 지나고 있으므로, 누군가는 지금 성취하고 또 누군가는 훗날 결실을 맺을 뿐이다. 인간은 결코 같을 수 없다. 다름이 삶의 본질이다. 이 사실만 기억해도 삶의 많은 것들이 해결되고 편안해진다. 사실 우리는 알고 있다. 동경하는 누군가의 삶은 내 것이 될 수 없다는 것을. 내 삶을 살아야 한다. 그게 누구와도 같지 않은 고유한 나만의 명命과 운, 사주팔자가 존재하는 이유다.

상담실로 각기 다른 명과 운을 타고난 사람들이 찾아온다. 현재 혹은 미래의 성취와 사랑과 행복과 건강 등에 대한 궁금증을 안고 어느 정도 기대와 오해를 품고 문을 두드린다. 대부분 사회가 원하는 삶, 성공했다고 여겨지는 삶에 가까운지 확인하고 싶어한다. 그럴 때 나는 그 사람만이 가지고 있는 고유한 단 하나의 삶에 대해 공들여 설명해준다. 사주팔자 여덟 글자에 뚜렷하게 새겨진 명을 알려주고, 그 여덟 글자와 상호작용하며 흐름을 만드는 운을 설명해준다.

명은 사주팔자 여덟 글자를 의미하는데, 이것은 삶의 목적과 자신의 정체성을 의미한다. 사람들은 동시대의 사회적 기준에 따라 성공과 실패를 규정하고, 그 잣대를 모든 사람에게 들이밀지만, 사주팔자는 사람마다 목적과 기준이 다름을 의미한다.

사주의 종류는 총 518,400가지인데, 남녀가 다르니 약 100만여 가지의 사주가 있다. 그것은 삶의 목적이나 정체성 역시 약 100만여 가지라는 뜻이다. 누구나 자신의 고유한 삶의 목적이 있고, 자신만의 정체성이 있는 것이다. 그래서 사람은 절대 같을 수 없고, 같은 잣대로 성공과 실패를 규정할 수 없다. 공통된 '성공 방정식'이나 정답은 없다. 남과 비교하면서 스스로를 고통스럽게 하거나, 자신을 기준으로 남을 평가하고 요구하는 것 역시 미성숙한 짓이다. 오직 자신만의 삶이 있기 때문이다.

명이 '나는 왜 이런 사람인가'를 말한다면 운은 '이런 내가 언제 피어나는가'를 말한다. 운은 사주팔자 여덟 글자와 대운, 세운에 들어오는 글자들과의 상호작용으로 일어나는 삶의 흐름이다. 같은 씨앗이라도 계절과 날씨에 따라 싹이 트는 때가 다르듯, 같은 능력을 가진 사람들이라도 흐름에 따라 빛나는 때가 다르다. 다름을 알려주는 것이 명이라면, 그 다름이 드러날 타이밍을 알려주는 것이 운이다.

인간사에서 운은 인생이 이율배반적이라는 걸 잘 설명해준다. 자신의 노력과 인내 그리고 능력만으로 성공이 이루어지지는 않는 걸 우리는 많이 보아왔다. 같은 능력과 기회를 가졌어도, 유독 어느 사람에게만 유리한 환경이 조성되기도 한다. 전화기를 최초로 발명한 사람은 알렉산더 그레이엄 벨이 아니라 안토니오 메우치였다. 메우치가 특허를 냈다면 벨은 역사에 이름을 남기지 못했을 것이다. 이런 예는 일상에도 흔하다. 대학에 떨어진 전교 1등이 있고, 친구 따라 간 오디션에서 친구 대신 붙는 일도 흔하다.

실력과 성실만으로 설명되지 않는 영역. 그것이 바로 운이다. 명리학에서 말하는 운이란 막연한 행운이나 우연이 아니라, 개인이 어떻게 할 수 없는 불가항력의 거대한 흐름이다. 성공한 사람들, 국내 유수의 경영자들이 명리학을 신뢰하는 이유는 자신의 성공에 운이 작용했다는 것을 경험해서다.

자신의 명과 운을 알면 삶이 훨씬 자유로워지고, 안심과 행복을 얻을 수 있다. 세상이 규정한 성공이 아니라 자신만의 성공을 정의할 수 있고, 자신의 운의 흐름을 알 수 있는 지혜가 있다면 스스로를 실패자로 규정할 수 없다. 모든 사주팔자의 주인공은 자신만의 삶의 목적을 성취하고 있고, 그런 면에서 모두 성공에 가까워지고 있기 때문이다.

명을 알면 타인과 스스로 비교하거나, 타인의 삶을 함부로 판단하지 않고, 스스로를 과대평가하는 오만함이나 자기비하도 사라진다. 운을 알면 당장 이루어야 한다는 조급함이 줄어드니 자유롭다. 나를 탓하거나 남을 부러워하지 않고 지금의 무모한 집착을 버리고 내 삶을 억지로 통제하지 않게 된다.

사주로 얻는 이 현실적이고 실용적인 위로가 얼마나 큰지 많은 사람이 경험해보았으면 한다. 나 역시 명리학을 통해 스스로를 옭아매는 헛된 기대와 후회로 범벅된 삶의 응어리에서 놓여났다.

이 세상에 태어난 인간은 누구나 단 8개의 글자만 손에 쥔다. 대통령도 재벌도 그 이상 가질 수 없다. 공평하게 주어진 8개의 글자는 어디에도 없는 단 하나의 고유한 우주다.

그 우주에서 누구나 자유롭게 유영하길 바라는 마음으로 이 책을 썼다. 만약 자신의 사주를 해석하고 싶어서 이 책을 열었다면 안타깝게도 원하는 내용을 얻진 못할 것이다. 이 책은 명리학을 공부하는 교재가 아니다. 그런 책은 이미 너무 많다.

이 책을 쓴 이유는 진짜 명리학이 하고자 하는 이야기, 즉 서로 다른 각자의 목적에 충실한 삶에 대해 이야기하고자 함이다. 열심히 살고 있는데도 불안하고, 미래가 두려워 현재를 누리지 못하는 사람들에게, 모든 관계의 중심을 내가 아닌 타인에게 두어 행복에서 멀어져가는 사람들에게 이 책을 권한다.

명리학에서 말하는 행복의 가장 중요한 상수는 '나'다. 나를 잘 아는 것, 이것이 행복의 시작이다. 이 이치를 깨달은 사람이라면 삶이 조금 더 편안해진다. 나를 아는 것만으로 운이 트였다고 할 수 있다. 이 책을 읽고 난 후 타고난 팔자 안의 자기 자신을 이해하고 관계와 성취의 속박에서 벗어나길 바란다. 자기대로 산다면 어떤 사주든 당신의 사주는 더할 나위 없이 좋다.

압구정 상담실에서 손철호

부록 1　명리학 개념 정리

1부

운명의 언어,
명리학

명리학은 운명을 단정하거나 겁을 주는 미신이 아니다. 자연의 질서를 만세력이라는 언어로 번역한 오래된 사유 체계다. 하지만 오늘날의 명리학은 불안 마케팅과 자극적인 말에 가려 본래의 의미에서 벗어나곤 한다. 여기서는 그런 오해를 걷어내고, 명리학이 어떻게 삶의 흐름을 읽는 도구가 되는지 짚어본다.

1

명리학은 인생을 읽는
슈퍼 컴퓨터

명리학命理學은 사주팔자四柱八字로 사람의 삶을 해석하는 학문이다. 사주四柱는 네 개의 기둥이라는 뜻인데, 태어난 연·월·일·시가 각각 하나의 기둥이 된다. 팔자八字는 이 네 기둥에 들어가는 여덟 글자를 말한다. 각 기둥의 윗글자는 하늘의 기운인 천간天干, 아랫글자는 땅의 기운인 지지地支로 구성된다. 천간 열 글자, 지지 열두 글자, 이 스물두 글자는 세상을 구성하는 에너지를 상징하고, 누구나 이 22개 중 8개의 글자만 갖게 된다.

명리命理라는 두 글자 안에는 이 학문이 바라보는 세계와 인간에 대한 시선이 고스란히 담겨 있다. 명命이라는 글자는 하늘이 내려준 생명, 곧 한 개인이 타고나는 시간과 조건을 뜻한다. 부모를 선택할 수 없듯, 사람이 태어나는 날과 시각 또한 인간의 힘으로는 바꿀 수 없는 영역이다. 그래서 명은 흔히 천명天命이라 부르기도 하고, 운명運命이라는 말로도 이어지는데, 바꿀 수 없는 그 사람만이 타고난 삶의 길을 뜻한다.

이에 비해 이(리)理는 다스린다는 뜻으로, 바꿀 수 없을 것 같은 자신의 명을 다스리고 극복하기 위한 학문으로 명리학이 탄생했다. 명리란 결국 주어진 운명을 받아들이는 데서 그치지 않고, 그것을 이치와 법칙으로 풀어내려는 시도다. 인간이 태어난 순간 새겨진 명을 자연의 원리와 사회의 질서라는 더 큰 무대 위에 놓고 해석함으로써 삶이 어떤 흐름을 따라 흘러가는지 탐구하는 것이다. 명리학은 그래서 미신이나 점술의 범주에 갇히지 않는다.

그렇다면 명리학을 구성하는 글자들은 어디에서 비롯된 것일까. 이야기는 아주 오래전, 생각보다 훨씬 먼 옛날로 거슬러 올라간다. 대략 3,500년 전 즈음, 고대 중국에서 만세력萬歲曆이라는 달력이 만들어졌다. 천간 열 글자와 지지 열두 글자가 순차적으로 짝을 이룬 육십갑자六十甲子는 갑자甲子 → 을축乙丑 → 병인丙寅 → 정묘丁卯 → 무진戊辰 → 기사己巳 → 경오庚午 → 신미辛未 → 임신壬申 → 계유癸酉 → 갑술甲戌 → 을해乙亥… 이런 식으로 순환하여 60번째 조합인 계해癸亥까지 이어지고, 그

다음 해에는 다시 처음의 갑자로 돌아간다. 십진법에 기반한 서양의 아라비아 숫자가 1, 2, 3, 4, 5, 6… 무한대로 늘어나는 것과 달리 만세력은 60개를 한 세트로 해서 무한히 반복된다.

이처럼 만세력은 60칸짜리 거대한 관람차가 천천히 회전하듯, 60년마다 같은 해의 기운이 다시 돌아온다. 60세를 환갑還甲이라 부르는 이유도 여기에 있다. 인생이 한 바퀴를 돌고, 다시 출발점의 기운과 만나는 순간이 바로 환갑이다.

당시 사람들은 씨앗을 뿌릴 때, 밭을 가꿀 때, 곡식을 거둘 때를 가늠하기 위해 만세력을 만들었다. 만세력의 경이로운 정확도는 외계인이 만든 것은 아닌지 의심할 정도다.

이 만세력은 태양의 황도 위치를 15° 간격으로 나누어 1년을 24절기로 구분했다. 입춘, 입하, 입추, 입동 같은 계절의 시작부터, 첫비가 내리는 날, 낮과 밤의 길이가 바뀌는 날, 얼음이 어는 날, 얼음이 녹아 개구리가 깨어나는 날까지, 한 해의 자연 변화를 놀라울 만큼 세밀하게 기록했다. 농경사회에서 계절을 정확히 읽는 일은 생존과 직결됐고 만세력의 절기는 시기별로 놓쳐서는 안 될 일들을 정확하게 알려줬다.

많은 사람들이 24절기는 음력에 기반한다고 오해하지만 실제 양력을 기준으로 한다. 태양을 중심으로 만든 달력인 만세력이 기준이기 때문이다. 그런데 명리학에서 말하는 진째 새해의 시작은 2월 3일 입춘이다. 해가 바뀌는 것과 무관하게 입춘을 경계로 새로운 해의 기운이 전환된다.

만세력에 기반하는 사주팔자도 양력 생일로 본다. 어쩐지 전통 학문은 음력을 사용할 것 같지만 그렇지 않다. 태양과 별자리의 위치를 기준으로 사람의 명과 운이 새롭게 전개되는 것이다. 그래서 서양의 점성술과 동양의 명리학은 뿌리가 같다.

고대인들은 만세력을 신뢰했다. 아침마다 기상청 슈퍼 컴퓨터의 예보에 귀 기울이는 이 시대 농부처럼 그들도 만세력이 알려준 계절의 시작과 끝을 잊지 않고 살폈다. 그렇게 오랜 세월 만세력을 사용해 자연의 이치를 관찰하면서 중요한 사실 하나를 알게 됐다. 사람의 생로병사와 사회의 흥망성쇠에도 자연의 흐름과 같은 일정한 패턴이 있다는 것이었다. 유심히 보니 특정한 시간과 기운의 조합이 사람의 성향과 삶의 전개에도 영향을 주고 있었다. 과연 인간의 삶도 나무, 불, 땅, 금, 물의 에너지를 받아 각자의 특성을 가지고 자신만의 계절을 만들어내며 흘러가고 있었다.

한 사람이 태어난 시간에 따라 삶의 목적, 기질, 기회가 달라진다는 깨달음이 쌓이면서 운과 명을 연구하는 별도의 체계가 만들어졌다. 태어난 해와 달과 날과 시간이 닿는 글자 8개를 조합해보면 영락없이 그 사람의 인생이 그려졌던 것이다.

만세력으로 뽑아낸 글자는 한 사람이 가진 고유한 삶에 대한 안내였다. 각각의 에너지를 가진 글자들이 서로 상호작용하며 생의 거대한 흐름을 만들었다. 그 글자들의 구체적인 상호작용을 해석하고 연구하면서 명리학이 발전했다. 만세력은 60년에 한 번씩 회전했고 그 안에 다양한 삶의 데이터가 쌓이면서 명리학 해석은 더 정확하고 정교해졌다.

　　사주팔자의 구조는 철저히 계산된 원리에 기반한다. 만세력이라는 시간 체계 위에 천간, 지지, 오행이라는 명확한 개념을 적용해 해석한다. 주관적인 감정이나 영감이 아니라, 일정한 법칙과 원리에 따라 결과를 도출한다. 만세력을 이용해 날씨를 읽던 방법이 기상학이 된 것처럼 인간의 삶을 읽는 방법이 명리학으로 발전한 것이다.

　　수천 년간 발전해온 명리학은 동일한 사주팔자를 가진 사람들의 구체적인 생을 해석하고 예측한 학문이다. 그것은 60년마다 태어나는 똑같은 글자를 가진 사람들의 평균적인 삶을 추적하므로 통계학이며, 시대가 거듭되면서 사회적 환경에 따라 해석이 달라지므로 사회학이기도 하다. 신과 교감하거나 귀신과 통하는 신점이나, 괘를 뽑아 점을 치는 주역과 완전히 다른 영역이다.

　　오랜 역사만큼 명리학은 계파도 다양하고 계파별 해석도

다르다. 요즘은 약 1,500년 전 도입된 신법新法 명리학을 근거로 해석한다. 신법 명리학은 태어난 날의 천간인 일간을 중심으로 사주팔자를 해석한다. 구학舊學에서 신학新學으로 가면서 우리의 삶에 더 예민하고 촘촘하게 접근하기 시작했다. 신법 명리학은 지금도 계속해서 그 해석이 달라지고 있다. 이처럼 시대마다 그 사회에 맞게 진화하며 발전하는 학문이라는 점이 명리학의 큰 매력이다.

지금까지 60년 한 세트의 만세력이 60번 정도 반복되면서 수천 년 동안의 데이터가 축적됐다. 기후 위기의 시대에 기상청의 예보는 빗나갈 때도 있지만, 명리학은 그 오랜 데이터 덕분에 놀라울 만큼 안정적인 정확도를 보여준다. 개인의 삶뿐 아니라 세계사에서도 이 반복의 통계학을 확인할 수 있다. 실제로 전쟁이나 경제공황 같은 극단적인 사건이 60년 주기로 발생하는 경우가 많다. 예를 들어 미국은 1941년 진주만 공격을 당했다. 그리고 정확히 60년 후인 2001년 9·11 테러가 발생했다.

오늘도 태양이 뜨고, 달이 차고 기운다. 과학기술이 발달해 우리는 더 이상 만세력을 펼쳐 농사 계획을 세우지 않지만 만세력은 지금 이 순간에도 순환을 멈추지 않는다. 고대 농부들이 하늘과 땅의 변화를 읽어 그해 농사를 준비했듯, 명리학은 나의 시간을 해석해 다가올 계절을 미리 그려볼 수 있게 한다. 그리고 명리학은 오랜 시간에 걸쳐 축적된 삶의 다양한 목적 중 내 삶의 목적을 알려준다. 명리학을 통해 타고난 명 위에 흐르는 운을 알 수 있다. 진짜 명리학은 운명을 피하려 발버둥치는 것이 아니라, 흐름을 직시하고 그 물결을 타며 지혜롭게 넘어가는 법을 알려준다는 걸 기억하자.

2

사주팔자는 삶의 목적이 새겨진 바코드

흔히들 사주팔자의 각 글자들은 음양오행陰陽五行의 생극제화生剋制化에 기반한다고 생각한다(111쪽 참조). 목생화, 화생토, 토생금, 금생수, 수생목, 목극토, 화극금, 토극수, 금극목, 수극화 같은 말이 그것이다. 그런데 실제는 그렇지 않다. 목은 화를 생하기도 하고, 파하기도 한다. 마찬가지로 금은 목을 극하기도 화합하기도 한다. 한마디로 오행의 생극제화는 배를 산으로 이끌게 하는 이론체계다. 오히려 사주팔자가 작동하는 원리는 사주팔자의 구조, 글자 간의 상호 조합, 연주年柱·월주月柱·일주日柱·시주時柱 각 공간의 건전성, 팔자의 지향점 등이 핵심이다. 그래서 사주팔자를 제대로 이해하기 위해서는 주체와 수단, 목적을 잘 이해해야 한다.

사주팔자의 연주·월주·일주·시주는 시간의 흐름을 의미하고, 각 주가 의미하는 공간이 아주 중요하다. 태어난 날인 일주의 천간을 일간日干이라고 하는데, 일간은 곧 사주팔자의 주인공이 되고, 일간을 기준으로 다른 7개의 글자의 역할을 부여한다. 같은 글자라도 연·월·일·시 중 어느 공간에 있는지에 따라 그 의미가 달라진다. 그러니 자신의 목이 몇 개인지, 화가 몇 개인지는 중요하지 않다. 또 각 글자는 다른 글자와 합合·충沖·형刑·파破와 같은 상호작용이 일어난다(105쪽 참조). 이렇게 각 글자가 어느 위치에 있는지, 어떤 글자와 관계를 맺는지에 따라 삶에 미치는 영향의 형태와 강도가 달라진다. 이 작용을 이해해야만 사주팔자가 말하는 '삶의 진짜 목적'을 읽을 수 있다.

각 주는 윗글자인 천간과 아랫글자인 지지로 구분된다. 그리고 그것에 해당하는 각 글자 고유의 음과 양, 오행 성분이 정해져 있다. 음양은 상대적인 개념이라 천간은 양, 지지는 음이기도 하고, 같은 목이라도 양의 목, 음의 목이 있다. 상대적인 개념이니 기준에 따라 달라지는 것이다. 그중에서 우리가 보편적으로 이해하는 것은 오행의 음양이다.

조금 더 쉽게 설명하자면 10개의 천간은 갑甲·을乙·병丙·정丁·무戊·기己·경庚·신辛·임壬·계癸로 구성되고 이 글자들은 양과 음으로 구분한다. 갑·병·무·경·임은 양의 천간, 을·정·기·신·계는 음의 천간이다. 지지도 같다. 지지는 자子·축丑·인寅·묘卯·진辰· 사巳·오午·미未·신申·유酉·술戌·해亥 총 12개 글자인데 자·인·진· 오·신·술이 양의 지지, 축·묘·사·미·유·해는 음의 지지다.

이 22개의 글자는 각각 음양의 속성을 가지며, 천간이 양이 면 지지도 양, 천간이 음이면 지지도 음으로 짝을 이룬다. 이 원 리에 따라 한 사람의 사주팔자가 완성되는 것이다.

연·월·일·시, 네 기둥을 기준으로 가능한 조합을 계산하면 연주는 60가지, 월주는 12가지, 일주는 다시 60갑자를 적용하 므로 60가지, 시주는 12가지다. 이를 곱하면 $60 \times 12 \times 60 \times 12 = 518,400$, 즉 518,400가지의 조합이 나온다. 여기에 대운大 運의 순행과 역행이 성별과 태어난 해의 천간에 따라 달라진다. 즉, 남자의 천간이 양인 갑·병·무·경·임일 경우 대운이 순행하고, 음인 을·정·기·신·계일 경우 역행한다. 여자는 반대다. 천간이 양 이면 역행하고 음이면 순행한다. 그러면 전체 조합은 두 배가 되 어 약 103만 6,800가지가 된다. 즉, 세상에 존재하는 사주팔자 는 100만 가지가 넘는다.

그렇다면 같은 날, 같은 시에 태어난 사람들은 같은 운명 을 살까. 우리나라 인구가 5천만 명이라면 전체 사주 조합 수가 100만 가지이므로 같은 사주를 가진 사람은 많아야 50명 남짓이다. 게다가 60년의 간지 주기로 순환하므로 그 50명도 같은 세대가 아니다. 환경과 시대, 조건, 선택이 달라지기 때문에 같은 사주라도 인생의 모양은 완전히 다르다.

이처럼 거의 모두가 다른 사주를 타고난다. 각자가 다른 삶의 목적을 지녔다는 뜻이다. 그렇다면 이 차이를 어떻게 이해해야 할까. 다시 말해 '나만의 삶이 존재한다'라는 사실은 무엇을 의미할까.

오랜 탐구 끝에 내가 내린 결론은 이렇다. 사람은 누구나 태어나기 이전에 자신만의 삶의 목적을 설정한다. 누구는 성취, 누구는 실패, 누구는 사랑, 누구는 시련이 목적이 되는 것이다. 그리고 자신의 삶을 통해 사주팔자에 각인된 자신만의 목적을 치열하게 실현해나간다. 100만여 개의 사주팔자는 그만큼 다양한 삶의 목적이 있고, 그 모든 것은 자신이 당초 경험하기 원했던 목적이고, 그 목적은 사주팔자에 명확하게 각인되어 있다는 것이 핵심이다. 그렇기에, 사주팔자는 삶의 목적을 해석하는 언어이자 도구인 것이다.

사람이 태어난 연월일시는 일종의 바코드이다. 그 안에는 이번 생의 정보가 각인되어 있다. 바코드를 찍으면 상품의 정보가 뜨듯 사주팔자를 읽으면 그 사람의 성향과 에너지의 흐름, 이번 생에서 다루어야 할 주제가 드러난다.

상상해보자. 당신이 그 영혼이라면 어떤 삶을 고르겠는가. 만약 지금의 나를 설계한 본연의 영혼이 있고, 그 영혼이 이번 생을 통해 배우고자 하는 주제를 정할 수 있다면 당신은 언제나 편안하고 풍요로운 삶을 고르겠는가, 아니면 더 깊이 배우기 위해 도전과 결핍이 있는 삶을 택하겠는가.

사랑을 배우고 싶다면 사랑이 넘치는 세상보다 사랑이 어긋나고 배신을 겪는 삶을 택하게 될 것이다. 사랑이 늘 주어지는 환경에서는 결코 사랑의 본질을 배울 수 없기 때문이다. 음식의 소중함은 배고픔 속에서 배우고 관계의 소중함은 외로움을 통해 깨닫는다. 충만보다 결핍에서 더 많은 것을 배우는 것이 삶의 이치다. 때문에 아마도 본연의 영혼은 결핍을 갖는 쪽을 택했을 것이다.

이렇게 선택한 사주팔자를 나는 자판기에 비유한다. 세상에는 수많은 자판기가 있다. 과자와 샌드위치, 아이스크림을 파는 자판기부터 담배나 맥주, 꽃과 인형, 책을 파는 자판기까지 다양하다. 겉모습은 비슷해 보여도 안에 담긴 내용물과 작동 원리는 전혀 다르다. 사주팔자도 그렇다. 태어난 연월일시에 따라 100만 가지가 넘는 자판기 중 하나를 선택하고 그 자판기에 새겨진 바코드를 읽으면 그 안에 담긴 삶의 프로그램을 볼 수 있다.

어떤 자판기는 현실 감각이 뛰어나고 경제적 기회를 잘 포착하며 또 어떤 자판기는 지적 호기심과 창의성이 풍부하다. 자판기의 내부가 다르듯 사람마다 타고난 기질과 강점이 다르다. 같은 종류의 자판기라도 어느 장소에 놓이느냐에 따라 쓰임이 달라진다. 도서관 휴게실의 커피 자판기와 뒷골목의 커피 자판기는 같은 커피를 뽑지만 찾는 사람도 분위기도 인기 메뉴도 다르다. 같은 사주라도 환경이 다르면 전혀 다른 삶이 펼쳐진다. 사주팔자는 그래서 더없이 고유한 나만의 서사다.

운 좋게 같은 사주를 가진 두 여성을 몇 달 간격으로 상담한 적이 있다. 태어난 시간도 약 15분 차이였다. 동일한 사주가 가진 삶의 유사성을 보여주고, 동일한 사주라도 환경에 의해 발생하는 차이를 알려주는 중요한 사례였다.

A는 아버지가 일찍 돌아가셨고 B는 아버지가 외도로 일찍 가정에서 이탈했다. 두 사람 모두 자식에게 극단적으로 의존하는 어머니만 있는 상황이었다. A는 남자에 대한 신뢰는 있었기에 일찍 결혼을 해서 집에서 탈출했다. B는 남자에 대한 신뢰가 없었기에 결혼은 하지 못하고 일찍 동거를 시작했다. A는 결혼한 상태라 자녀를 얻었고, B는 비슷한 시기에 임신을 했지만 자녀를 갖지는 않았다. 두 사람이 상담을 온 시기는 A는 이혼을 한 후, B는 장기 동거를 청산한 후였다. 두 사람은 같은 사주로

삶의 방향성이나 목적은 비슷하다. 그런데 환경이라는 변수 때문에 삶의 구체성은 상이하다. 같으면서도 다른, 다르면서도 같은 삶이다. 이처럼 사주팔자가 보여주는 것은 구체적인 사건이나 행위가 아니라 선택이나 삶의 방향을 결정짓는 내면의 패턴이다.

예를 들어, 사주팔자에는 명문대 입학이라는 운명이 새겨진 것이 아니라 배우는 것을 즐기고 지적 에너지가 강하다는 성향이 드러난다. 어떤 사람은 그 성향을 공부로, 또 다른 사람은 예술이나 연구로 펼친다. 바코드가 상품의 정보를 담듯 사주팔자도 타고난 기질과 방향성을 담고 있다. 바코드는 바꿀 수 없지만 그 상품을 어떻게 쓰느냐는 우리의 몫이다.

성공의 재료가 많은 자판기를 받았다고 해서 저절로 성공하는 것은 아니다. 자판기는 실제로 사용되어야 존재 가치가 있다. 사주도 마찬가지다. 타고난 재능과 성향이 삶 속에서 발현될 때 의미가 생긴다. 모든 정보를 안다고 해서 삶이 달라지는 것도 아니다. 군 제대 후 열심히 살아 성공하겠다고 결심하는 청년은 많지만 그 결심이 오래가지 않는 이유는 의지가 약해서가 아니라 기질과 맞지 않아서다.

사람은 결국 자신이 생긴 대로 살아간다. 사주팔자를 안다는 것은 나를 더 깊이 이해하는 일이다. 내 삶의 정보를 담은, 단

하나뿐인 바코드를 스스로 찍어보고 그 안에 새겨진 고유한 이야기를 읽어보는 일이다. 그러면 내가 무엇을 잘하고 어디서 막히는지, 어떤 선택이 나를 편안하게 만드는지 알 수 있다.

3
대운은 10년마다 찾아오는
변화의 물결

사주 팔자에는 자신의 자판기 종류와 삶의 목적이 선명하게 새겨져 있다고 설명했다. 그래서 우리는 자신의 자판기에 어떤 물건이 들어 있는지 잘 알아야 한다. 반면 자판기에 들어 있는 다양한 물건이 내 인생에 언제 나타나는지는 대운大運을 통해 알수 있다. 즉, 자판기에 있는 물건이 나오는 통로가 바로 대운이다. 통로는 계속 변하게 되는데, 각 시기별로 통로와 관련된 물건만 나오는 것이다.

많은 이가 대운을 아주 좋은 운, '잭팟'처럼 크게 터지는 운이라 알고 있지만 그렇지 않다. 대운은 운의 큰 방향으로, 대운이 좋으면 자판기에서 좋은 물건이 나오고, 대운이 좋지 않으면 안 좋은 물건이 나오는 것이다. 그래서 자판기인 사주팔자는 그 사람의 부귀를, 대운은 지금 시점의 길흉화복을 알 수 있다.

물론 자판기 자체가 좋으면 운이 좋지 않아도 남보다 낫고, 그렇지 않으면 운이 좋아도 한계가 있다. 그럼에도 자신의 자판기 내에서는 대운이 바뀌면 전혀 다른 리듬이나 운으로 살아가게 된다.

대운은 태어난 뒤 일정한 나이에 시작해 10년 주기로 교체된다. 두 글자로 이루어진 대운이 사주팔자의 여덟 글자와 만나 상호작용을 일으키고, 그 에너지에 따라 자판기의 통로가 변화한다. 어떤 10년은 재물의 통로가 활짝 열리고, 어떤 10년은 학문에 에너지가 집중된다. 또 어떤 시기에는 인연과 관계의 문이 넓어지며, 삶의 중심이 바뀌기도 한다. 통로가 넓고 곧으면 원하는 결과가 자연스럽게 나오고 통로가 좁거나 구부러졌다면 버튼을 눌러도 쉽게 나오지 않는다.

그러나 통로만으로 모든 것이 결정되지는 않는다. 통로도 중요하지만 자판기 자체의 구조인 사주원국의 견고함이 더 중요하다. '원국'이란 말 그대로 그 사람의 '기본 국세局勢'를 의미한다. 타고난 사주팔자의 네 기둥이 구성된 상태로 여덟 글자로 이루어진 사주의 기본 틀이다. 태어난 순간에 이미 정해진 이 기본 틀은 자판기의 설계도와 같다. 기본 틀이 튼튼한 사람은 통로가 조금 막혀도 일정 수준의 결과를 낸다. 하지만 그것이 불공평함을 의미하지는 않는다. 대운이 타고난 설계를 보완하고 조율하기 때문이다. 사주원국이 평범하더라도 대운이 유난히 탄탄하게 받쳐준다면 인생은 안정되고 풍요로울 수 있다.

여기에 해마다 바뀌는 세운歲運이 더해진다. 세운은 말하자면 매년 눌리는 버튼이다. 어느 해에는 '공부' 버튼이 눌리고, 어느 해에는 '관계'나 '건강'의 버튼이 눌린다. 그러나 세운은 대운에 종속되고, 대운은 다시 사주원국에 종속된다. 즉 버튼은 통로의 구조 안에서만 작동하고, 통로는 자판기의 전체 설계 안에서 의미를 가진다. 그래서 "올해 재물운이 좋다"라는 말만 듣고 들뜨거나, "조심하라"라는 말에 낙심할 필요는 없다. 내 자판기의 전체 구조를 보지 않은 채 단 한 개의 버튼만 보고 판단하는 셈이기 때문이다.

대운의 구조를 이해할 때 계절의 순환을 떠올리면 훨씬 쉽다. 사주는 봄·여름·가을·겨울의 리듬으로 돌아간다. 인·묘는 봄의 목木, 사·오는 여름의 화火, 신·유는 가을의 금金, 해·자는 겨울의 수水를 상징한다. 그리고 계절의 경계에는 토土의 시기인 진·미·술·축이 있다. 하루의 시간, 한 달의 절기, 한 해의 간지가 모두 이 흐름을 따르고 대운 역시 같은 질서로 흐른다.

목의 기운이 강한 사람은 인·묘에서 생기가 오르고, 진에서

열기가 꺾이며 곧 화의 계절로 넘어간다. 화가 좋은 사람은 사·오에서 빛을 내고, 다시 금의 시절을 맞이한다. 이 순환의 핵심은 모든 에너지는 절정 이후에 반드시 쇠하고, 쇠한 뒤에는 다시 태어난다는 것이다. 시작은 끝을 품고, 끝은 새로운 시작을 내포한다.

명리학은 대운을 통해 지금이 아무리 좋더라도 언젠가 빠져나가고 지금 아무리 괴로워도 반드시 다음 계절이 온다는 걸 알려준다. 좋을 때 교만하지 않고, 나쁠 때 낙심하지 않는 태도를 갖는 것이 대운의 진짜 메시지다. 운은 변화이고, 변화는 순환이며, 순환은 결국 달라짐을 의미한다.

대운은 인생의 구조를 움직이는 큰 톱니바퀴이고, 세운은 작은 톱니바퀴이다. 대운이 바뀔 때 우리는 삶의 테마가 바뀌는 것을 체감하게 된다. 그 시기를 경계로 관계가 바뀌고 환경이 바뀌며 삶의 주제가 달라진다. 그리고 그 안에서 해마다 흐르는 세운은 속도와 방향을 조정하면서 의사결정과 행동에 미세한 영향을 끼친다.

사주팔자는 태어난 해, 달, 날, 시간의 네 기둥에서 뽑힌 여덟 글자에 더해, 10년 단위의 대운과 해마다 바뀌는 세운까지 골고루 조화롭게 살펴야 제대로 된 해석이 가능하다. 세운이나 대운의 한두 글자만으로 운명을 점치는 것은 병원에 가서 체온만 재고 진단을 받는 것과 같다.

사주팔자는 자판기의 목적, 통로, 버튼 이 세 가지가 어떻게 맞물리는가에 따라 각기 다르게 펼쳐진다. 그것을 이해하고 나만의 흐름을 인식한다고 해서 모든 것을 마음대로 바꿀 수 있다는 뜻은 아니다. 다만 내 삶의 리듬에 맞춰 의사결정을 할 수 있다는 점에서 삶의 주도권을 스스로 쥘 수 있게 된다. 삶의 주도권을 가진다는 건, 더 이상 타인의 기대나 사회가 정한 '정답'에 맞춰 움직이지 않게 된다는 뜻이다. 입시, 취업, 결혼을 해야 할 나이는 따로 정해져 있지 않다. 사회적 적령기가 아닌 나에게 맞는 적령기를 찾는 것이 지금 이 100세 시대에 우리가 해야 할 일이다.

사주를 알면 지금 내 삶에 어떤 흐름이 와 있는지, 어떤 시기에 어떤 것을 선택하는 것이 나에게 맞는지를 아는 사람이 되는 것이다. 특히 대운은 지금 뿌리를 내릴 시기인지, 방향을 틀어야 할 시기인지, 관계를 넓히거나 에너지를 축적해야 할 시기인지를 보여준다. 내 통로가 열릴 때가 반드시 오며 그때 전력으로 나아가면 된다. 남들보다 느리게 가고 있다고 조급하지 않아도 된다. 잠시 멈췄다고 죄책감을 느낄 필요도 없다. 나에게 맞는 성취의 흐름이 들어올 것이다.

흔히 말하는 성공은 사실 내 것이 아닌 타인의 삶의 모델을 흉내 내는 경우가 많다. 남의 자판기에 들어 있는 물건은 내게 없다. 내가 가진 물건을 남이 갖지 못한 경우가 대부분이고, 남이 가진 물건 역시 나에게 없는 경우가 일반적이다. 각자 다른 자판기이기 때문이다. 남의 자판기를 부러워하기보다 내 자판기에서 어떤 것이 나올 수 있는지를 기대하며 살아가는 편이 훨씬 합리적이다.

명리학은 사주팔자 여덟 글자, 대운 두 글자, 세운 두 글자가 끊임없이 상호작용한다. 재미있는 것은 평생 똑같은 글자의 조합이 나타나지 않는다는 사실이다. 어제와 다른 내일이, 올해와 다른 내년이 반드시 온다. 그러니 삶의 주도권을 꽉 쥐고 자유롭기를.

4

모든 사주에는
결핍이 존재한다

사주팔자와 관련한 속담이 많다. '산천 도망은 해도 팔자 도망은 못한다.' '팔자는 쌀 뒤주 뒤에 숨어도 찾아온다.' '제 팔자 개 못 준다.' '사나운 팔자는 불에도 타지 않는다.' '팔자는 독에 들어가서도 못 피한다.' '팔자 도둑질은 못 한다.' 이외에도 부지기수다.

　이 속담들의 공통점은 자신의 사주팔자대로 살 수밖에 없고, 바꾸거나 고칠 수 없다는 뜻을 담고 있다. 그래서 혹시라도 "당신 사주는 별로 좋지 않다"라는 말을 들을까 두려워 사주 보는 것을 피하는 사람도 있다. 또 어떤 사람들은 얕은 지식으로 자신의 사주를 풀어보고 스스로 '나는 사주팔자가 엉망이야'라며 인생에 대한 기대를 접어버리기도 한다.

사주팔자의 종류가 100만 여가지나 되는 만큼 우리 모두는 다르게 태어나고, 태어나면서부터 가진 것이 다른 거대한 불평등의 세상에서 살고 있다. 자신의 능력뿐 아니라 주변 환경까지 어느 하나도 똑같은 것이 없다. 고통을 느끼는 정도, 신체적인 능력, 지적 능력, 미모가 모두 다르다. 어디 그뿐인가. 부모의 재력, 사랑, 배우자, 자식, 다 다르게 태어나고 살아가면서 만나는 운조차 차별적이다. 이런 불평등한 세상 속에서 모든 사람들이 같은 기준을 적용하고 살아간다. 지적 능력이 다른데도 동일한 시험 문제를 풀고, 경제적 능력이 다른데도 동일한 가격으로 물건을 산다. 대부분의 세상사가 동일한 잣대로 평가하고 평가받는다.

명리학 역시 세속적인 부귀와 성취, 환경, 자신의 능력 등에 있어서 그 복이 사람마다 얼마나 다른지를 설명한다. 사주가 100만여 가지나 된다는 것은 정확히 그 복의 정도나 각자 가진 복의 유형도 그만큼 많다는 의미이기도 하다. 비견과 겁재, 식신과 상관, 재성, 정관과 편관, 인성으로 나누고 해당 항목에 대한 복을 살핀다(128쪽 참조).

예를 들면 '연과 월의 식신이나 재성이 파괴되면 어려서 부모의 보살핌을 받지 못한다' '연과 월에 희신이 자리잡으면 친가

나 외가 복이 아주 크다' '일지와 시지가 불화하면 자식복이 크지 않다' '식상이나 인수를 가질 수 없으면 학업운이 떨어진다' 등과 같은 것이 그것이다. 미모에서부터 체질, 언어 능력, 일처리 능력, 신체적인 능력, 학업운, 부모복, 자식복, 배우자복, 재운, 관운, 관재구설, 명예, 윤리적인 수준 등 세세한 영역까지 명리학은 그 복이 크고 작은지, 얼마나 다른지를 살필 수 있게 체계화되어 있다. 이 복을 통해 얼마나 좋은 사주인지, 나쁜 사주인지를 이야기하는 것이 명리학이다.

이렇게 좋은 사주와 나쁜 사주가 명확하고, 태어나자마자 거대한 불평등한 세상을 직면하는데도 불구하고, 왜 나는 좋거나 나쁜 사주는 없고 오직 자신만의 사주만 있을 뿐이라고 이야기할까. 불평등함을 설명하는 명리학에서 삶의 위안을 얻었다고 말할까.

명리학에서 말하는 평등함은 모든 인간이 22개의 글자 중에서 오직 8개의 글자만을 손에 쥐고 태어난다는 것이다. 그 여덟 글자만으로 각자의 삶이 구성된다.

여덟 글자만 가질 수 있다는 것은 필연적으로 결핍을 의미한다. 그것도 특정 복에 많은 글자를 할애할수록 다른 곳에서의 결핍은 아주 크게 나타나는 법이다. 여덟 글자에 명확한 목적이 새겨져 있어서 특정 에너지가 강하면 남다른 삶을 살고 부귀를 얻을 가능성이 높지만 그만큼 큰 결핍이 만들어지기도 한다. 산이 높으면 골짜기가 깊은 이치와 같다. 우리 모두가 부러워하는 사람의 가정에 문제가 적지 않은 이유가 여기에 있다. 명리학이 표면적으로는 저마다 가진 복을 이야기하지만 실상은 결핍을 이야기하는 것이다.

절대적인 기준선에서야 좋고 나쁨이 존재하지만 자신이 원하는 수준에서 결핍을 이야기하면 모든 것이 달리 평가된다. 통장 잔고 1억이라는 숫자는 누구에게는 꿈이자 행복일 수 있지만, 다른 누군가에는 절망과 가난일 수 있다. 따뜻한 국밥 한 그릇은 누군가에게는 만찬일 수 있지만, 어떤 이에게는 불행의 상징일 수 있다. 비행기의 이코노미 좌석은 누군가에게는 미지의 세계로 인도하는 문으로 느껴지지만, 누군가는 누추함과 불편함이다. 걸어다니는 것이 누군가에게는 소원이나, 누군가는 고통이다. 모든 사람은 자신을 기준으로 세상을 평가하고, 희망하고, 절망한다. 자신이 가진 여덟 글자가 그것을 지배하고, 통제하는 것이다.

태어나자마자 천문학적 자산을 가지고 평생 안정된 삶이 보장된 사람이라도 원하는 사람과의 사랑이 좌절되면 스스로 생을 마감하고, 만인의 사랑을 받는 사람도 스스로를 사랑하지 못해 생을 마감한다. 상상할 수 없는 재산을 가지고도 좀 더 가지기 위해 죄를 저지르는 사람도 많다. 반대로 가진 것이 없지만 항상 자신의 것을 나누는 사람, 신체의 고통에도 불구하고 정신이 행복한 사람, 부족한 가운데서도 서로 사랑으로 맺어진 사람, 빼앗기보다 주는 사람은 생각보다 훨씬 많다.

결국 좋은 사주와 나쁜 사주는 있지만 그것이 행복을 의미하거나 고통이 적음을 의미하는 것이 아니다. 세속적인 성취와 복을 의미할 뿐이다. 성취도 있지만 그만큼 결핍이 존재한다는 의미에서는 모든 사주는 공평하고 평등하다. 인생이 저마다의 결핍을 경험하고 채우는 과정이라는 측면에서는 모든 사주는 자신의 목적이 있는 것이고, 자신의 목적을 달성한다는 측면에서는 모든 사주의 주인공은 성공한 사람이다. 그러니 좋은 사주와 나쁜 사주는 결국 없는 것이다.

그럼에도 불구하고 명리학을 연구하는 내 입장에서 좋은 사주와 나쁜 사주는 구분된다. 그것도 아주 명확하다. 좋은 사주는 자존감이 높고, 상대를 존중할 수 있는 사주다. 자존감이 높은 사람들은 쉽사리 자신을 타인과 비교하여 절망에 빠지지 않는다. 타인의 시선을 의식하여 자신의 행복을 방해하지 않는다. 오직 자신의 행복과 자신이 원하는 것에 집중할 수 있는 힘을 가졌다. 이런 사람들은 섣불리 자신의 경험과 지식을 토대로 남을 비하하지 않는다. 상대를 존중하고 배려할 줄 안다.

나쁜 사주는 자신감을 표시하나 자존감이 아주 낮은 사람들이다. 쉽게 남과 비교하여 스스로를 불행하게 만든다. 남의 시선 때문에 자신의 행복이나 자신이 원하는 것을 쉽사리 해낼 수 없다. 오직 타인의 시선, 감정에 자신을 내맡기고, 상대의 감정이나 시선에 자신의 행복을 맡긴다. 쉽게 가스라이팅 당하고, 조정당하고, 벗어날 수 없는 사람들이다. 또 다른 나쁜 사주는 자신의 성공 경험이나 지식을 토대로 남을 비하하고 조종하려고 한다. 자신처럼 성공하지 못한 사람들은 게으르거나, 도전 정신이 없어 그렇다고 단정하고 자신의 경험 법칙을 끊임없이 요구한다. 삶에 명확한 방법이나 성공 법칙이 있는 것처럼 모든 사람에게 적용하여 맞다 틀렸다 재단하는, 방송에서 쉽게 보이는 사람들이 이런 부류다.

　　참 묘한 것이 있다. 많은 사람들이 자신의 삶에 대해 만족하지 않지만, 부러워하는 것을 가진 사람의 인생과 바꾸겠냐고 물어보면 대부분 바꾸지 않고, 자신의 삶을 선택한다고 말한다. 남의 삶을 부러워하는 듯해도 결국 자신의 삶을 긍정적으로 보는 경우가 많다.

　　좋은 사주를 부러워할 이유도, 나쁜 사주라고 절망할 이유도 없다. 돈이 많고, 권력이나 명예가 높다고 해서 삶이 완벽할 수 없다. 깨달음을 얻었다고 마음의 평안이 계속되지 않는다. 하

늘 아래 누구도 같은 인생이 없으므로 비교는 무가치하다. 당신
만의 고유한 인생에 집중해야 하는 이유다.

5

부자 사주보다
더 좋은 것

"선생님, 제 사주가 부자가 될 사주인가요?"

"저는 얼마나 부자가 되나요?"

상담에서 가장 많이 받는 질문 중 하나다. 아마도 현대 사회에서 부는 곧 성공을 의미하기 때문일 것이다. 물론 성공하고 부자가 되는 사주는 따로 있다. 부자 사주, 관운이 있는 사주, 명예를 얻는 사주가 다 있다. 다만 그 성공에는 함정이 있다.

사주에서 부를 뜻하는 건 보통 '재성財星'이다. 이론상 재성이 강한 사람, 재성이 좋은 자리에 앉은 사람, 식신생재食神生財 (식신이 재를 생한다) 구조를 가진 사람이 돈을 번다고 나와 있다. 틀린 말은 아니다. 다만 사주에서 '돈을 번다'는 말은 매우 다양한 스펙트럼을 가진다.

사주는 돈이 많은 사람과 돈을 좇는 사람을 구분해서 보여준다. 사주에 재성이 강하게 작용하면 그 사람은 돈과 관련된 고민을 안고 태어난다. 그것은 실제 돈을 많이 번다는 뜻일 수도 있고, 돈으로 인한 상실이나 트라우마, 돈에 대한 애착이 많을 수도 있다. 어떤 사람은 돈이 사라져야 비로소 자신의 목적을 이룬다. 역설적으로 그런 인생은 돈을 통해 삶을 배우는 구조다.

그렇다면 정말 돈이 많은, 이른바 '부자 사주'는 무엇일까. 많은 사람들이 관심을 두고, 부러워하는 주제이기도 하고, 많은 명리학자들이 저마다 자신의 이론을 펼치는 주제이기도 하다. 부자 사주는 명확하게 있다. 사람들이 일반적으로 생각하는 오행이 골고루 있고, 균형 잡혀 있고, 형이나 충이 없는 그런 사주가 부자 사주는 아니다. 남보다 부귀가 높기 위해서는 오히려 여덟 글자의 에너지가 골고루 분산될 것이 아니라 집중되어 특정 에너지로 강하여 몰려 있어야 한다. 그 몰림이 극단적인 긴장을 만들어내며 폭발적인 추진력으로 이어지는 구조다. 또 다른 조건은 욕심이나 탐욕이 강하게 있고, 그것을 실천할 수 있는, '남의 입에 든 고기라도 꺼내 먹을 수 있는' 강한 힘이 필요하다. 이런 사주들은 남보다 많은 성취를 이루게 된다. 사주에 재성이 아무리 많아도 그것을 자신이 가질 수 있어야 비로소 부를 축적할 수 있다.

그리고 재성은 먹고사는 정도의 부를 이야기하지, 재력을 의미하지는 않는다. 오히려 식신이나 상관이 재를 생하는 구조, 식신에 재가 숨어 있는 구조, 관이나 인이 재인 경우, 비견이나 겁재가 재인 경우는 남보다 부자 사주가 된다. 재가 없어도 자신의 생각이나 사고를 펼쳐서 혁신하는 식상의 에너지가 있는 사람, 관운이 좋은 사람, 명예가 더 높은 사람의 재운이 박할 리가 없다. 식상, 관성, 인성, 비겁이 만드는 재운이야말로 큰 부를 의미하게 된다.

여기까지 이야기하면 대부분 사람들은 부자의 사주 구조를 부러워한다. '왜 내 사주는 에너지가 그렇게 몰려 있지 않을까' 자책도 한다. 하지만 그럴 필요는 없다. 명리학에서 에너지가 한 방향으로 치우친다는 것은 곧 삶의 어떤 국면이 비정상적으로 과도하게 작동한다는 뜻이기도 하다. 한 가지를 얻기 위해 다른 많은 것을 포기해야 하는 삶이다. 명리학의 고전 《오언독보五言獨步》에 이런 말이 나온다. '유병방위귀有病方爲貴', '즉 '병이 있어야 길하다'라는 뜻으로 사주에 시련이나 문제가 보이면 크게 성공한다는 이야기다.

예를 들어, 여덟 글자의 오행 중 금이 여섯 개이고 불이 두

개 있는 사주는 명백히 '깨진' 사주, 즉 균형을 잃고 불안정한 사주다. 그런데 이런 사람이 국회의원이 되거나, 상장사 대표가 되는 일이 허다하다. 또 어떤 이는 물로 도배된 사주에 불 하나가 버티고 있다. 이것도 역시 상식적으로는 망가진 사주지만, 실상은 미친 듯이 성공하는 사람들 중에 이런 유형이 많다. 그만큼 명확하다. 뜻이 분명하다는 것은 목표가 선명하다는 것이고, 그런 사람은 어느 쪽이든 극단을 향해 나아간다. 다시 말해, 뚜렷한 결핍과 한 방향의 에너지가 인생의 추진력을 만드는 것이다.

이런 사람들은 대개 한 분야에서 독보적이다. 물이면 물, 불이면 불. 하지만 그 방향 외에는 잘하지 못한다. 반면, 골고루 균형 잡힌 사주는 오히려 특별한 성취 없이 살아간다. 명확한 재능은 없어도 다양한 분야에서 무난하다. 그것도 나쁘지 않지만, 부자의 사주는 아니다.

사주의 뜻이 명확하고 직선적일수록 사회적 성공과 부는 분명하고, 그만큼 균형 잡힌 인생에서는 멀어지기 쉽다. 가족과의 관계, 정서적 안정, 몸의 건강 등 삶의 다른 축이 무너져 있을 가능성이 크다. 균형 잡히지도, 쏠리지도 않은 애매하게 에너지가 분산되어 있는 사주는 갈팡질팡하는 것처럼 보일지 몰라도 다양한 삶의 국면을 경험하며 더 깊이 있고 입체적인 인생을 살아갈 가능성을 품고 있다.

부자 사주가 따로 있느냐는 질문에는 "있다"라고 답할 수 있지만, 그 삶이 과연 우리가 진짜 원하는 삶인지는 별개의 문제다. 성취와 행복은 다른 이야기다. 큰돈을 버는 사주는 성취를 준다. 하지만 그것이 곧 삶의 만족과 안정, 평안을 보장하진 않는다. 돈이 있다고 다 잘 사는 게 아니다. 우리는 이미 수많은 부자들이 스스로 생을 마감하거나 돈으로 관계를 잃고 감정적으로 파괴되는 것을 보아왔다.

　　물론, 사주에서 돈을 뜻하는 재성은 아주 중요하다. 오죽하면 재를 양명지원養命之源이라고 해서 목숨의 원천이라고 할까. 그럼에도 재성은 성취의 도구일 뿐 존재의 의미는 아니다. 오히려 진짜 중요한 건 '무엇을 통해 나를 완성할 것인가'이다. 그게 돈일 수도 있지만, 누군가에게는 학문, 누군가에게는 관계, 또 누군가에게는 사랑일 수도 있다.

　　사주가 말하는 부는 단순히 통장 잔고로 표현되지 않는다. 그 사람이 어떤 결핍을 통해 살아가야 하는지, 그 결핍이 인생에서 어떤 방식으로 작용하는지를 보여줄 뿐이다. 어떤 사람은 평생 돈을 좇아야만 하고, 어떤 사람은 돈을 포기할 때 비로소 자기 삶을 얻는다. '부자가 될 팔자'를 기대하지 말고 내 팔자대로 살아가길 희망하는 것이 훨씬 현명한 일이다.

6

재미로 보면 절대 안 되는
사주팔자

'벼룩 여왕'이라는 별칭으로 불리는 곤충학자 루이저 로스차일드 박사의 '벼룩 실험'은 잘 알려진 실험이다. 그가 벼룩을 탁자 위에 올려놓고 손바닥으로 탁자를 쳤을 때 벼룩은 30cm 이상 뛰어올랐다. 벼룩의 길이가 2~4mm라고 가정한다면, 자신의 몸의 100배 정도 점프가 가능하다. 로스차일드 박사는 이 벼룩을 10cm 높이의 실험용 용기에 넣고 뚜껑을 닫았다. 뛰어오르는 습성을 가진 벼룩이 뚜껑에 딱딱 소리가 날 만큼 부딪히며 유리병 안에서 끊임없이 점프했다. 이윽고 부딪히는 소리가 잦아들었을 때 루이저 박사가 뚜껑을 열자 병 속의 어떤 벼룩도 더 높이 뛰어 유리병 밖으로 나오지 못했다. 30cm 이상 뛸 수 있는 능력이 있음에도 벼룩들은 10cm의 유리병을 자신들의 우주로 받아들였다.

이 이야기를 꺼낸 건 잘못된 사주 해석의 위험성에 대해 말하기 위해서다. 만세력 앱을 열고 생년월일시를 입력해 손쉽게 자신의 사주팔자를 알 수 있게 된 후 온전하지 못한 부스러기 지식으로 자신의 사주를 해석하는 사람들이 많아졌다. 대부분 자신이 가진 오행의 개수, 부족한 오행, 많은 오행, 인터넷에 떠도는 22개 글자의 개별적인 의미나 일주론 등을 대충 섭렵해 자신의 사주에 접목시키고 그것이 자신이라고 믿는다. 같은 일주라도 8,640가지의 사주 종류가 있는데도 말이다. 실제 온라인 사주의 많은 경우가 일주론만을 토대로 하고 있는데, 명리학을 연구하는 입장에서 보면 당황스러운 현상이다.

사주팔자의 잘못된 해석은 한 사람의 운명을 좌우할 수 있어 아주 위험한 일이다. 사주의 여덟 글자가 서로 어떤 관계를 맺고, 어느 위치에 놓였는지, 또 대운과 세운이 어떤 방향으로 흘러 들어오는지를 잘 이해해 제대로 해석하고 방향을 제시해 줄 수 있는 사람을 만나야 한다. 본인이 스스로 해석 가능할 정도로 공부한다면 제일 좋겠지만, 사주의 진짜 원리를 알기까지 명리학을 공부한다는 것은 쉬운 일이 아니다.

"나는 나무가 없으니 나무가 있는 사람을 만나야 돼." 자신에게 없는 걸 가진 친구를 만나고 애인을 만들고, 특정 오행의 성분이 많은 곳으로 장소를 옮긴다는 이런 이야기들은 거친 표현으로 전부 '개 풀 뜯어먹는 소리'다. 내가 없는 걸 남을 통해서 얻는 일은 불가능하다.

내 인생은 이미 정해져 있다. 예를 들어, 물이 많은 여자가 있다. 물을 담아줄 흙이 필요하다고 흙이 많은 남자를 만나면 잘 살 수 있을까? 그렇지 않다. 물이 많으면 어떤 흙도 버티기 힘들다. 남의 글자가 아니라 내 글자가 핵심이다. 특정 복이나 세속적 성취를 이룰 수 있는지 없는지보다 중요한 건 내 삶이 어떻게 생겼는지를 아는 것이다. 내가 없는 걸 외부에서 찾을 시간에 내가 가진 삶의 여정이 어떤 의미를 가지고 있는지를 돌아보는 일이 필요하다.

오행에 대한 단편적인 해석은 웃어넘길 수준이 아니라 때로는 인생을 구속하는 족쇄가 된다. 상대가 내가 가지지 못한 오행을 가진 사람이니 나와 잘 맞는다고 착각해 폭력적인 연애 관계나 가스라이팅에 빠져 헤어나오지 못한 경우도 많다.

한 회사에서 오랫동안 일하며 자신의 입지를 다진 C라는 여성이 있었다. C는 회사 대표와 창립 초기부터 사업을 함께 일구었다. 그런데 대표의 방만한 경영으로 회사가 어려워졌고, 온전히 그 수습을 도맡아 하다가 나를 찾아왔다. C는 여기저기 사주를 많이 보러 다녔는데 가는 곳마다 자신에게 '2인자 운명'이라고 해서, 열심히 보스를 보필하는 걸 자신의 운명으로 삼았다고 했다. C의 생년월일시를 받아 사주를 보니 2인자가 아닌 1인자로 충분히 설 수 있는 운이었다. 스스로 한계를 긋지 않았다면 진작에 보스를 뛰어넘어 자신만의 사업체를 꾸릴 수 있는 사람이었다.

이렇게 잘못된 사주풀이는 한 사람이 가지고 있는 가능성을 축소시킬 위험이 있다. 전체를 통찰하지 못하는 단편적인 지식은 모르는 것만 못하다. 글자가 나타내는 단순한 의미만으로 사주팔자를 판단해서 벌어지는 오류는 개인의 삶에 치명적이다. 그렇게 납작하고 얇은 명리 지식이 자신의 인생에 뚜껑을 만들어 의지를 제어하거나, 자신의 에너지 이상의 것을 꿈꾸게 해 진짜 자기 세계로 나아가지 못하도록 방해하기 때문이다.

명리학을 만나는 순간은 대개 인생에 불안과 고통이 찾아왔을 때이다. 일이 잘 풀리지 않아 힘들거나, 가족이나 인간관계로 고통스럽거나, 이직을 앞두고 있거나, 합격이 될지 안 될지 자신이 없을 때, 저 사람에게 내 인생을 걸어도 될지 판단이 잘 서지 않을 때, 인생의 큰 변화 앞에서 두려움이 밀려올 때, 그렇게 내 결핍을 마주한 순간 사주에 기대려 한다. 용기 있게 명리학 전문가를 찾아 가는 사람도 있고, 검색 사이트에 자신의 사주를 입력해 찾아보는 사람들도 있다. 전자는 덜하지만 후자는 거의 대부분 잘못된 정보를 흡수한다.

명리학은 본인의 결핍이 무엇인지 설명해주는 학문이다. 나에게 없는 것, 내가 가질 수 없는 것, 한편으로 내가 가지고 있는 것, 내가 할 수 있는 것을 제대로 알게 해주고 그것들이 대운과 세운을 만나 어떤 상호작용을 거쳐 발현되는지를 알려준다. 누구나 결핍이 존재한다. 사회적 기준에서 잘 나간다는 사람들도 자기만의 결핍이 있을 수밖에 없다.

그리고 누구나 언젠가 달라지는 시기가 온다. 사람은 태어나서 죽을 때까지 단 한 번도 같은 글자를 만나지 않는다. 정해진 사주의 네 기둥 아래 대운과 세운이 계속 변화하기 때문이다. 절대로 같은 에너지를 만날 수 없다. 현재 불안하더라도 반드시 좋은 날이 온다는 이야기다.

명리학이 오랜 시간 사람들에게 전하려고 했던 메시지는 바로 이것이다. 생은 흐른다. 냇물이 골짜기를 만나고 돌길을 지나고 햇빛이 너르게 펼쳐진 평야를 지나 어느 구석으로 향했다가 강 어귀로 흘러가듯, 사는 내내 다양한 희로애락을 경험하며 흘러간다. 어느 때는 가뭄에 마르기도 하고 어느 때는 홍수로 넘쳐나기도 하는 것이 인생이다.

결핍만으로 이루어진 삶은 없다. 때론 충만하고 때론 공허한 것이 삶이라는 걸 명리학은 오랜 세월을 거치며 알아낸 인생의 평균치로 말해준다. 지금 당장 답답하고 풀리지 않는다면 곧 풀릴 날이 오기 마련이다. 나는 왜 이럴까, 조급한 마음으로 어설픈 사주풀이에 시간을 낭비하지 말자. 명리학이 말하는 생의 성공은 세상이 말하는 성취를 이루는 것이 아니라 자기의 목적대로 잘 살아가는 것이다.

7

굿과 부적은
공포 마케팅일 뿐

어느 주말 오후 급하게 가족 네 명의 상담 의뢰를 받았다. 그런
데 본인, 배우자, 자식 모두의 사주에 특정 현상이 들어와 있었
다. 상담하면서 내년에는 남편의 건강을 조심해야 한다고 말했
다. 그 시기가 언제냐는 질문이 돌아왔다. "토의 기운이 작동해
서 그런 것이니 4월, 7월을 특히 조심하셔야 합니다." 그랬더니
그제야 사연을 풀어놓았다.

　내담자는 전날 큰 굿판에 다녀왔다고 했다. 소도 잡고 무당
이 작두도 타는, 값이 억대가 넘어가는 큰 굿이었다. 그런데 무
당이 굿 도중에 남편을 잡고 내년 4월이나 7월에 죽을 운이 왔
으니, 이런 굿을 해서 달래라고 했다는 것이다. 얼마나 무서웠을

까 싶었다. 굿값을 생각하며 이러지도 저러지도 못하고 불안해하다 급히 명리학만 연구하는 나에게 상담을 요청한 것이었다.

그 굿을 해야 하느냐는 내담자의 질문에 이렇게 말해줬다. "만약 귀신의 장난이라면 굿을 하는 것이 맞지요. 그런데 명리를 공부하는 저도 같은 말을 했다면 그건 귀신의 장난일 리 없습니다. 글자적으로 보면 혈관계 질환일 가능성이 높으니, 술을 끊고 환절기에 기온차가 적은 곳으로 요양하시는 것이 어떨까요. 그리고 동일 사주라도 수명, 결혼, 이혼, 출산율 등은 시대에 따라 변합니다. 확정적이라고 생각 마시고 조심한다고 여기시는 것이 좋을 듯합니다."

또 다른 내담자는 어느 상담가의 제안에 따라 성형수술을 했다. 코를 깎아야 된다는 말을 듣고는 큰마음 먹고 코 수술을 했다고 한다. 어딘지 어색한 모습이었는데, 수술 전 사진을 보니 그때가 훨씬 나았다. 굳이 성형을 하지 않아도 될 만큼 타고나길 예쁜 얼굴이었다. 재미있는 건 명리 상담실과 같은 건물에 있는 성형외과에서 수술을 받아야 된다고 했다는 것이다. 내담자는 뒤늦게 생각하니 그때 왜 그런 결정을 했을까, 후회가 된다며 지푸라기라도 잡고 싶었던 당시의 절박한 상황에 대해 이야기했다.

내 역량으로 모든 것을 일일이 다 확인할 수는 없다. 다만 나에게는 명확한 신념이 있는데 남의 고통이나 불행을 기반으로 돈을 버는 것은 바르지 않다는 것이다.

개운開運, 운이 트이게 하는 것이 가능하다면 무당이든 상담가든 가난하거나 불행한 사람은 없을 것이다. 그런데 그렇지 않다. 몇몇 엄청난 부를 가진 무당도 있다. 그렇다고 그것이 굿의 효능을 증명하지는 않는다. 열 명에게 비명횡사하니 굿을 해야 한다고 말하면 한두 명은 들을 것이다. 그렇게만 해도 굿값이 워낙 비싸니 부자가 될 수밖에 없다. 상황이 호전되고, 나아졌다고 해도 굿이 해결책임을 증명할 수 있는 방법은 어디에도 없다. 부를 축적한 용한 무당의 굿이 효능이 있는지는 그 무당의 가족이나 수명을 보면 알 수 있을 것이다. 그 무당 본인이 배우자복도 많고, 자식복도 많고, 하는 일이 모두 잘되는 것이 합리적인 추론일 것이다.

일정 수준 이상의 대가를 요구하는 개운법은 모두 사기라고 생각한다. 그러나 안타깝게도 극한 경쟁의 시대에 불안 마케팅은 효과가 좋다. 우리나라 사교육 시장이 끝없이 확장되는 이유이기도 하다. 운세 시장도 사람들의 불안을 먹고 자란다. 정확하지 않은 정보를 전달해 오히려 불안 심리를 자극한다. 운명을 바꾸려면 부적을 쓰고, 굿을 하거나 개명을 하고, 부족한 오행을 메워주는 곳으로 이사를 가야 한다고 부추긴다. 삶의 답답함을 해소할 수 있을까 하는 마음에 사주 상담을 하러 갔다가 되레 더 큰 불안을 안고 오기도 한다. 명리학은 개인의 타고난 본성과 가치관, 역량을 알려주고 그것을 스스로 이해해 답을 찾고 행복을 얻는 학문이지, 운명을 바꾸는 신의 영역이 아니다.

우리나라에서 명리학은 선비들의 학문이었다. 달력도 시계도 없던 그 시절 양반이 아닌 사람들은 자신이 태어난 연월일시를 정확히 알지 못했다. 그렇다고 양반 집 자제들 모두가 명리를 공부한 것은 아니었다. 명리학을 발전시킨 건 과거에 급제해 임금 곁에 있다가 새로운 인물에게 밀린 선비들이었다. 임금 곁에 계속 있어야 하는데 왜 멀어졌을까, 어떻게 하면 다시 임금 곁으로 가게 되는가, 고민하던 선비들은 답답했다. 운명의 수레바퀴가 어떻게 굴러가는 것인지 궁금했던 선비들은 답답함을 해소하려고 명리학을 공부했다. 그 안에서 삶의 이치를 깨닫고 고향으로 돌아가는 사람도 있었고 여전히 임금의 주위에 머무는 사람도 있었다. 그렇게 학문으로 명리학이 발전했다.

명리학의 본질은 다른 곳에서 답을 찾는 것이 아니라 내 몸과 마음의 변화를 읽는 것이다. 나를 잘 들여다보고 내가 하는 말을 귀 기울이면 나쁜 것도 좋게 되고, 좋은 것은 더 빛날 수 있다. 성형수술을 해서 운이 바뀌는 것이 아니고 운이 바뀔 때 성형수술을 하게 된다. 이름을 바꾼다고 일이 풀리는 것이 아니라 일이 풀릴 때가 되니까 이름을 바꿀 결심을 하게 되는 것이다.

사주에 나타난 글자의 에너지는 목·화·토·금·수, 즉 나무·불·땅·금·물의 순서로 이어진다. 봄이 가면 여름이 오고, 가을과 겨울이 차례로 오듯 오행도 일정한 순서를 따라 끊임없이 순환한다. 오행은 지지 열두 글자 속에서 각각 세 글자씩을 차지하며 계절을 이룬다. 인·묘·진은 봄(목), 사·오·미는 여름(화), 신·유·술은 가을(금), 해·자·축은 겨울(수)로 묶이고, 토는 사계절의 경계에서 흐름을 잇는다.

이렇게 시간의 흐름 속에서 오행이 교차하듯, 인간의 삶도 일정한 주기를 따라 흐른다. 하루, 한 달, 1년의 주기가 있고, 여기에 10년마다 크게 변하는 대운이 더해지고 매년 세운이 추가된다. 이렇게 서로 다른 리듬이 겹치면서, 사주팔자는 끊임없이 움직이는 시간의 지도이자 삶의 예보가 된다.

대운이나 세운에서 오는 글자가 사주팔자의 글자와 끊임없이 상호 조합하면서 내 자판기 속 물건과 에너지의 합을 맞춘다. 잘 맞을 때는 운이 좋아지고 서로 안 맞으면 에너지가 약해진다. 그렇다고 걱정할 필요는 없다. 겨울이 끝나면 봄이 오듯 다시 내 자판기와 맞는 오행이 오는 시기가 있다.

운이 바뀌는 것의 시작은 마음의 변화이다. 마음의 변화는 새로운 글자가 들어오면서 시작된다. 세운과 대운이 바뀌면서 내 마음이 바뀌는 것이다. 평소 비혼을 주장하던 사람이 갑자기 결혼할 마음이 생기거나, 잘 다니던 회사가 갑자기 전망 없다고 느껴져 그만둔다면 새로운 글자를 만나서 완전히 다른 생각을 하게 되는 시점이다. 마음의 변화가 생기면 의사결정이 달라지고 의사결정이 달라지면 삶이 달라진다.

마음이 변하니 뜻밖의 행동을 하고 그 행동이 환경을 바꾸면서 새로운 결과가 도출된다. 비싼 값을 치러 개운을 한다고 해결되지 않는다는 이야기다. 명리학은 사주팔자를 해석해 내 삶의 목적을 확인하는 것임을 잊지 않기를 바란다. 명리학에 대한 오해를 버리고 외부에 맞춰진 안테나의 방향을 내 안으로 바꾸고 항상 내면의 소리에 집중해야 원하던 답을 얻는 날이 올 것이다. 언제나 답은 내 안에 있으므로.

8

당신이 있는 그곳이
명당

풍수風水는 말 그대로 '바람과 물'이다. 바람은 에너지의 흐름을, 물은 생명의 근원을 상징한다. 따라서 풍수는 결국 자신이 어떤 환경 속에서 살아가고 있는가를 묻는 것이다.

《삼국지》의 제갈공명은 천문을 읽고, 바람을 부르고, 구름을 다스리던 인물로 그려진다. 그러나 그는 자신의 죽음이나 유비의 천하통일을 미리 보지 못했다. 아무리 하늘과 땅의 기운을 읽어내는 데 능했어도, 사람의 생명과 운명의 시기는 인간의 힘으로 바꿀 수 없다는 것을 보여주는 사례다. 풍수는 분명 삶에 영향을 미치지만, 그 영향은 어디까지나 명과 운이라는 근본의 질서 안에서만 작동한다.

그럼에도 불구하고 풍수는 개운의 수단으로 가장 많이 시도된다. 개명을 하거나 점을 보는 일보다 현실적이고, 환경을 바꾸면 기분이 바뀌는 즉각적 효과도 있다. 문제는 모든 사람에게 똑같이 좋은 풍수란 없다는 것이다. 사람의 사주팔자를 모른 채 풍수만으로 길흉을 논하는 것은 공허한 일이다.

절대적으로 좋은 땅이란 존재하지 않는다. 만약 세상 어딘가에 그런 명당이 있다면, 그 땅의 주인은 대대로 흥해야 한다. 하지만 그런 집안은 없다. 왕조조차 흥망성쇠를 겪었다. 어떤 집에 들어가 일이 잘 풀렸다면, 그 사람이 운이 오를 시점에 그 집으로 이사했기 때문이다. 반대로 운이 꺾일 시기에는 아무리 좋은 터라도 기운이 머물지 못한다. 풍수는 시기와 사람, 방향이 맞아야 의미가 있다.

사람의 운이란 결국 흐름이다. 바람과 물이 고이면 썩듯, 사람의 삶도 정체되면 막힌다. 풍수의 본질은 흐름이다. 좋은 풍수를 논하기 전에, 먼저 내 안의 기운이 흐르고 있는가를 돌아봐야 한다.

그렇다고 풍수를 무시할 필요는 없다. 인간의 운명을 결정하는 다섯 가지 요소와 그 우선순위를 말하는 게 있다. 명, 운, 풍수, 적음덕積蔭德, 독서讀書가 그것이다. 인간의 운명을 결정하는 가장 높은 순위는 명으로서 사주팔자를 의미한다. 두번째는

운, 우리가 맞이하는 대운과 세운을 의미한다. 즉, 사주팔자와 운이 가장 결정적인 요소다. 세번째부터는 인간의 노력인데, 그 중 가장 높은 순위는 풍수다. 그다음이 좋은 일로 덕을 쌓고, 공부하는 것이다.

방향을 바꾸고, 공간을 정돈하고, 햇살이 드는 곳에 자리를 두는 일은 실제로 심리와 행동에 영향을 미친다. 좋은 풍수가 궁금하다면 거창한 명당을 찾기보다 맨발로 흙과 가까이 하는 것이 훨씬 좋다. 세상의 에너지와 교류하는 것은 인간에게 언제나 유익한 법이다. 최근 유행이 된 맨발로 걷기가 그렇다. 구체적인 대안으로, 여행지에서 시차가 맞지 않을 때 맨발로 공원이나 호텔 앞 잔디밭을 걷는다면 이것이 생활 속의 풍수라고 하겠다.

땅의 온도와 바람의 방향을 느끼고, 마음이 편안해지는 장소를 스스로 찾아보는 것. 그것이 가장 간단하고 효율적인 풍수다. 결국 인간에게 가장 좋은 터는 마음이 숨을 쉴 수 있는 곳이다. 그곳이 어디든 자신에게 맞는 풍수인 것이다. 현대 사회에서 이사 가는 방향이나 집터보다 집 안 풍수를 더 중요하게 보는 경향도 이런 이유 때문이다.

환경은 우리의 삶에 영향을 미치지만, 환경을 바라보는 마음의 각도가 운경을 결정한다. 집의 방향을 바꾸기보다 생각의 방향을 바꾸는 일이 더 큰 힘을 가진다. 명리학이 알려주는 진짜 개운의 방법은 외부의 자리를 바꾸는 것이 아니라, 내 안의 질서를 바로 세우는 일이다. 좋은 풍수는 결국 좋은 마음의 자리에서 시작된다.

9
이름을
바꾸지 않아도

개운이라는 명분으로, 하지 않아도 될 일을 하는 사람들이 많다. 그중에서도 이름을 바꾸는 일은 가장 흔한 방식이다. 새 이름을 가지면 새로운 운이 열린다는 믿음 탓이다. 무엇보다 손쉽고 명확한 변화처럼 보이기 때문이다. 예전에 비해 이름을 바꾸는 행정적 절차가 쉬워졌다고는 하지만 개명 전의 흔적을 바꾸기 위해 여러 수고로움을 감수해야 한다. 그 수고로움이 의미 있게 보이기 위해서는, 적어도 이름이 운명을 바꿀 만한 힘을 갖고 있어야 하지 않을까.

명리학이 음양오행을 기반으로 하고, 한자는 그 음양오행의 성질을 품고 있다는 사실은 맞다. 그러나 그것을 근거로 '부족한 오행을 한자 이름으로 채워넣으면 인생의 균형이 회복된다'라고 믿는 것은 명리학을 오해한 결과다. 성명학은 명리의 원리를 빌려온 변형이지 명리 그 자체가 아니다. 만약 한자의 오행이 인간의 삶을 보완할 수 있다면 한자문화권 사람들은 영어권이나 아랍어권보다 평균적으로 더 부유하고 더 건강하며 더 행복해야 한다. 그러나 오히려 근대 이후 세계를 주도해온 것은 한자문화권이 아닌 서구 사회였다. 오행이 담긴 이름이 인간의 운명을 바꾼다면 역사의 흐름 또한 달라졌어야 한다.

명리학은 이름이 아니라 태어난 연월일시를 본다. 이름은 나중에 지어진 사회적 표지일 뿐이다. 이름이 인생의 방향을 바꾼다면 명리학은 처음부터 성립하지 않았을 것이다. 사주가 태어난 목적과 본질을 드러낸다면, 이름은 그것을 표현하는 수단이 아니라 그저 부여된 기호다. 그 기호가 본질을 바꾸는 일은 없다.

명리 상담을 할 때 이름을 묻는 것은 단지 기록과 데이터 관리 차원이다. 한자 이름을 대입해 해석하는 일은 없다. 사주는 그 자체로 완결된 구조를 지닌다. 만약 이름에 따라 사주 해석이 달라진다면 통계적 기반을 가진 학문으로 발전할 수도 없었을 것이다.

이름을 바꾸고 나서 삶이 나아졌다고 느끼는 것은 바뀐 이름 때문이 아니라 변화를 시도한 자기 자신 때문이다. 이름은 계기일 뿐, 변화를 일으킨 것은 스스로의 의지와 각성이다. 이름은 사람을 바꾸지 않지만 새 이름을 짓겠다는 결심이 사람을 바꿀 수 있다. 이 또한 그런 결심을 하게 하는 글자가 사주에 들어왔기에 가능했을 것이다.

삶의 흐름은 외부에서 덧칠하는 것이 아니라, 내면에서 이해되고 조율되어야 한다. 개운이란 새로운 글자를 붙이는 일이 아니라 이미 주어진 운을 읽고 쓰는 법을 배우는 일이다.

10
균형 잡힌 오행은
그저 환상

많은 사람들이 명리학을 단순히 오행의 생극제화로만 받아들이는 탓에 생기는 치명적인 오류가 있다. '오행의 균형'에 대한 믿음이 그것이다. 모든 사주팔자는 자신만의 결핍이 있는데, 사람들은 그 결핍이 사주의 '문제'라고 생각한다. 삶의 목적이 그것인데도 문제로 인식하는 것이다. 그래서 살면서 어려움이나 부족함을 느낄 때마다 오행의 불균형에서 답을 찾고, 그것을 개선하기 위해 이름을 바꾸거나, 사는 곳을 옮겨 다니거나 이도 저도 안 되면 자신에게 부족하다 싶은 오행을 주변 사람에게서 구하려 한다.

오행은 단순히 다섯 가지 성분을 고루 갖춰 균형을 맞춰야 하는 것이 아니다. 오행이 균형 잡혀 있으면 삶이 안정될 수는 있지만 성취도 없다. 각 글자가 추구하는 방향과 목적이 다 다르면 얻는 것이 있을 리 없다. 오히려 불균형과 결핍이 명확한 방향성을 만들고, 그 틈이 바로 성장의 공간이 된다.

사주팔자는 온전히 나의 것이다. 태어난 시간과 공간, 계절의 기운이 나를 구성하고, 그 안에 이미 내가 살아가야 할 방향이 새겨져 있다. 따라서 다른 사람이 가진 글자의 오행이 내게 도움이 되거나, 내 결핍을 메워줄 수는 없다. 자신이 불이 없어 불이 많은 사람을 만나면 좋고, 자신이 물이 많으니 물이 많은 사람을 만나면 안 된다는 생각은 완전히 잘못된 믿음이다.

오행 균형에 대한 믿음은 풍수에서도 작용한다. 풍수는 인간의 노력으로 자신의 삶을 바꿀 수 있는 요소이기는 하지만, 오행 균형을 기준으로 풍수를 적용하는 것은 틀린 것이다. 자신이 부족한 것을 풍수를 통해 메울 것이 아니라, 자신의 글자가 추구하는 에너지를 더 강하게 하는 풍수를 선택해야 한다. 단점을 보완하는 것이 아니라 장점을 강화하는 전략이 필요하다.

같은 맥락에서 또 다른 오해가 궁합이다. 궁합이라는 것은 자신과 더 잘 맞는 사주가 존재하고, 그런 사람을 만나면 자신의 명과 운이 바뀔 수 있다는 믿음이다. 그런데 이미 자신의 사주팔자에 연애나 혼인에 대한 다양한 정보가 담겨 있다. 혼인

횟수, 배우자복과 같은 것이 그것이다. 이는 상대에 따라 달라지는 것이 아니다. 온전히 자신의 사주팔자에 이미 각인되어 있는 것이다. 그런 측면에서 궁합은 존재하지 않는다. 그러니 궁합은 상대를 맞추는 일이 아니라, 자신을 아는 일이다. 누가 나와 잘 맞는가를 찾기 전에, 나는 어떤 사람인가를 먼저 물어야 한다. 내 구조를 이해하면 어떤 관계에서도 균형을 잡을 수 있다.

그렇다고 해서 상대의 사주를 알아보는 일이 무의미한 것은 아니다. 궁합이 운명을 바꾸지는 않지만, 관계를 이해하는 도구로서 사주는 유효하다. 지금은 거의 사라졌지만 1990년대만 해도 함진아비는 결혼식의 중요한 절차 중 하나였다. 신랑의 친구가 신부 집에 함을 지고 찾아가던 그 함 속에는 단순한 예물만이 아니라, 신랑의 사주팔자를 적은 사주단자四柱單子가 들어 있었다. 유교문화 속에서 그것은 "이 사람이 당신의 남편이 될 운명이다. 그의 삶의 결을 이해하라"라는 의미였다. 결혼을 앞두고 사주단자를 보낸 것은 선조들의 지혜였다. 상대를 알아야 관계가 덜 고통스럽고, 조금이라도 더 행복해질 수 있기 때문이다.

사주는 상대의 모든 것을 알려주는 해설서였다. 결혼은 여행처럼 며칠을 함께하는 것이 아니라, 매일의 일상과 긴 인생을 함께 나누는 것이기 때문에 서로를 잘 아는 것이 중요하다. 상대의 사주를 보면 그가 왜 그렇게 생각하고, 무엇에 마음을 쏟으며, 어떤 일에는 쉽게 상처받는지를 깊이 이해하게 된다.

또한 사주는 단지 상대의 성향을 알려주는 도구뿐만 아니라, 그 속에서 내가 어떤 역할로 비춰지는가를 보여준다. 그러면 그 사람의 삶에서 내가 어떤 의미로 자리 잡게 되는지도 알 수 있다. 즉 궁합을 본다는 것은 단순히 '맞는다, 안 맞는다'를 판단하는 일이 아니라, 관계 속에서 서로의 역할과 기대를 이해하는 일이다.

사주팔자는 자기 인생의 내비게이션이면서 서로의 사주를 알았을 때 관계의 지도가 되기도 한다. 사주를 모르고 사랑에 빠졌더라도, 함께 살기로 했다면 상대의 사주를 알아두는 것이 좋다. 사주를 통해 서로를 이해하면서 관계의 불필요한 혼란을 줄일 수 있다. 궁합은 사랑의 조건이 아니라 이해의 언어라고 생각하자.

11

삼재는 이미 다
지난 이야기

사주에 나타나는 글자의 에너지는 목·화·토·금·수다. 나무와 불, 땅과 금속, 물의 순서로 이어진다. 봄이 가면 여름이 오고, 가을과 겨울이 차례로 오듯 오행은 순환한다. 명리학에서 운은 바로 이 순환의 질서 속에 있다. 이 자연의 질서 속에서 오행은 생生하고 왕旺하며 쇠衰하는 세 단계를 거친 뒤 다음 오행으로 넘어간다. 이 세 단계가 하나의 작은 주기를 이루는데 이 주기가 확장되면서 사람의 삶에 일정한 리듬이 만들어진다. 3개월마다 계절이 바뀌듯 운의 흐름이나 기운도 3개월 단위로 미세하게 달라지고, 3년 주기로 인생의 방향이 조금씩 전환된다.

　오행이 교체되며 내 사주의 자판기 속 에너지와 합이 맞을 때는 일이 술술 풀리고, 어긋날 때는 조금 느려진다. 그러나 그것이 불운의 증거는 아니다. 겨울이 아무리 길어도 봄은 반드시 찾아온다. 마찬가지로 지금의 운이 막혀 있다고 해서 영원히 막힌 것이 아니며, 반대로 잘 나간다고 해서 그 운이 영원히 지속되는 것도 아니다. 흐름이 있을 뿐이다.

3이라는 숫자는 머물지 않고 끊임없이 변하는 인생의 순환을 상징한다. 3개월마다 작은 변화가 오고, 3년마다 큰 변화가 찾아온다. 명리학은 이러한 순환의 리듬을 읽는 학문이다. 그러므로 "운이 좋다" 혹은 "운이 나쁘다"라고 단정하는 것은 무의미하다. 지금은 겨울이지만, 그 속에서 봄의 씨앗이 자라고 있을 수도 있다. 결국 운의 흐름을 안다는 것은 두려움을 줄이는 일이다. 변화가 찾아와도 놀라지 않고, 자신에게 맞는 시기와 방향을 조율할 수 있게 된다.

이런 이야기를 하면 내담자들 중에 꼭 삼재三災 이야기를 꺼내는 사람들이 있다. 삼재는 사람이 태어난 해를 기준으로 정해진다고 알려져 있다. 그러나 그것은 1,500년 전 구학의 논리에서 비롯된 개념이다. 현대 명리학, 즉 신학은 태어난 해가 아닌 일을 기준으로 해석한다. 삼재는 오래전에 만들어진 낡은 틀일 뿐 현재 인간 삶을 설명할 수 있는 체계가 아니다.

생각해보자. 만약 삼재가 실제로 존재한다면 한 해에 태어난 같은 띠의 사람들은 모두 동시에 불행해야 한다. 입시를 치르는 해 삼재를 맞은 아이들은 모두 대학에 떨어지고, 삼재의 해에 결혼한 사람들은 모두 이혼해야 할 것이다. 하지만 세상은 그렇게 단순하지 않다. 같은 해, 같은 달, 같은 띠라도 각자의 삶은 다르다. 누군가는 인생의 봄을 맞이하고 누군가는 겨울을 통과하고 있다. 삼재는 그 복잡한 개인의 시간을 단 12개의 띠로 단순화시킨 시대착오적 개념에 불과하다.

그럼에도 불구하고 민간에서는 여전히 삼재 이야기가 끊이지 않는다. 이유는 간단하다. 이해하기 쉽기 때문이다. 복잡한 천간지지나 오행의 흐름을 공부하지 않아도 띠만 알면 누구나 대입할 수 있다. 사람들은 불확실한 세상에서 단순한 규칙을 원한다. 삼재라 조심해야 한다는, 근거가 희박한 말에 막연한 불안이 생기고, 그 불안은 부적을 사고 굿을 하는 등의 소비로 이어진다.

명리학은 공포의 학문이 아니다. 명리는 두려움을 키우는 언어가 아니라 두려움을 해소하는 언어다. 운의 흐름을 알면 내 인생의 날씨를 예측할 수 있다. 오늘 비가 오면 우산을 쓰면 되고, 내일 햇살이 뜨거우면 그늘을 찾으면 된다. 그뿐이다. 삼재를 두려워하며 움츠러들기보다 지금 내가 어떤 계절을 지나고 있는지를 읽는 것이 중요하다.

삼재를 핑계로 스스로의 가능성을 묶지 말자. 운의 주인은 언제나 나 자신이다. 나쁜 해는 없다. 나에게 맞지 않는 방향으로 가는 시기가 있을 뿐이다. 그 시기를 알고 나를 조율하면 된다.

삼재라는 허구에 속아 부적이나 굿에 돈을 쓰지 말고 자신을 위해 쓰라. 맛있는 음식을 먹고, 좋은 곳을 여행하며, 좋은 사람들과 웃는 시간을 보내라.

12

개운의 핵심은
아무것도 하지 않는 것

명리학에서 말하는 개운은 다른 삶을 사는 것이 아니다. 주어진 조건을 더 풍요롭고 편안하게 만드는 일이다. 개운의 목적은 단절을 통해 이미 갖춰진 팔자와 운의 구조 속에서 걸림돌을 줄이고 가능성을 넓히는 데 있다. 개운을 하겠다고 괜한 돈을 쓰고, 개운을 하지 않아 불행하다고 생각하지 말고 일상에서 할 수 있는 것을 실천해보자.

개운의 핵심은 관계의 변화, 환경의 변화, 마음의 변화다. 즉 나를 둘러싼 것들과 단절하는 것이다. 사람과의 관계 단절, 그리고 과거의 내 마음과의 단절, 물리적인 환경과의 단절이 이루어져야 한다. 운이 진짜 좋지 않을 때는 터전을 옮기고, 누군가와 사이가 좋지 않을 때는 떨어져 살아야 된다. 부부나 연인이라고 관계를 지속할 생각만 할 게 아니라 거리를 두고 각자의 시간을 갖는 것도 서로의 관계를 회복하는 방법이 될 수 있다. 특히 나를 지배하려 하고 힘들게 하는 사람과는 완전한 단절이 필요하다. 직장, 사회, 이웃 중에도 나를 힘들게 하는 사람들이 있다면 단절해야 한다. 관계를 지속시킬 이유가 없다.

별것 아닌 것처럼 보이지만 정말 많은 사람들이 돈과 명예, 일에서 고통을 받는 것보다 사람 때문에 고통받는다. 고통에서 벗어나 좀 더 행복한 삶을 살고 싶다면 자신을 둘러싼 주변 사람들을 잘 살펴야 한다. 만나면 힘들고, 괴롭고, 벗어나고 싶은 사람이 있다면 과감히 관계를 단절하자. 비록 이해관계가 얽혀 있더라도 과감히 끊어내라. 관계 단절을 통해 겪는 불이익보다 이익이 훨씬 크다. 특히 가스라이팅하고 있는 연인, 배우자, 친구는 과감히 도려내야 한다.

삶이 답답할 때 가장 확실하게 변화를 줄 수 있는 것이 환경을 바꾸는 일이다. 동일한 날짜와 시간에 태어난다고 해도 우리나라에서 태어나는 사람과 북한에서 태어나는 사람은 구체적인 삶이 다를 수밖에 없다. 이것이 환경의 힘이다. 일란성 쌍둥이도 어려서 헤어져 다른 삶의 환경에서 자란다면 다른 결과를 가지게 된다. 양쪽 모두 돈을 잘 번다고 해도 돈의 규모가 달라진다. 성공을 한다고 해도 성공한 수준은 자신이 속한 환경에 영향을 받는다.

환경을 바꿔서 운명을 바꾼다는 말의 의미는 크게 복잡하지 않다. 내가 있는 공간과의 단절, 자신을 다른 공간에 두는 것이다. 한국에서 살던 사람이 다른 나라로 이민을 가는 등 삶의 터전을 바꾸거나, 이사를 가도 좋고, 여행을 가는 것도 방법이다.

역마의 기운이 사주 자체에 있거나 대운에서 들어오면 자신의 마음이나 운 자체가 삶의 터전을 바꾸고 변화를 시작하게 되지만, 대부분의 경우에는 그 마음조차 생기지 않는다. 운이 들어오지 않으면 마음이 동하지 않기 때문이다. 여행이라도 가서 몸과 마음의 에너지를 바꾸고, 나아가 운을 바꾸면 더 좋겠지만, 운이 나쁠 때는 그런 생각이나 의사결정이 쉽지 않다. 그래도 이 책을 통해 명과 운이 작동하는 방식을 알았다면 적용해볼 것을 추천한다. 의도적으로 실행해보면 효과가 있음을 느낄 것이다.

힘든 시기를 겪고 있는 사람이라면 진지하게 여행을 떠나보라. 거창하게 삶의 터전을 옮기지 않더라도 여행을 통해 나아질 수 있다. 여행은 가장 쉽고, 효과가 있는 방법이다. 주변을 살펴보면 유독 여행을 많이 가는 사람들이 있다. 물론 '팔자가 좋아 그렇다'라고 생각하겠지만, 그런 사람들은 현재의 부정적인 에너지를 끊고 새로운 에너지를 쉽게 받아들이는 사람이라 좋은 운을 부를 수 있다. 해외여행일 필요도 없다. 뒷산을 오르는 것부터 시작해도 충분하다.

사실 가장 큰 개운은 무위無爲, 아무것도 하지 않는 것이다. 무위는 욕심을 위해 억지로 행하거나 자연의 섭리를 거스르지 않는다는 의미도 담고 있다. 성취를 위해 무엇을 열심히 하는 것도 중요하지만 때로는 모든 것을 내려놓고 아무것도 하지 않는 것이 필요하다. 억지를 부리면 오히려 상황이 더 악화된다. 간절히 원하는 걸 갖기 위해 너무 애쓰지 말자. 상황이 흘러가는 대로 두고 아무것도 하지 않다보면 새로운 운의 지점에 닿을 것이다. 조바심은 일을 그르치는 데 큰 재주가 있다. 운명을 바꿔 무언가 이루그 싶어서 애를 쓰다 지쳤다면, 잠시 내려놓고 크게 호흡하며 시간을 보내는 것도 좋은 방법이다.

개운으로 운명이 전혀 다른 길로 바뀌는 것은 아니지만, 풍경이 달라지고 체감이 달라진다. 같은 길이라도 햇살이 비치면 더 상쾌하게 걸을 수 있다. 운을 바꾸는 것이 아니라 자신의 운명을 새롭게 경험하는 것이 명리학이 알려주는 개운의 지혜다.

결국 시간의 주인은 따로 있다. 아무리 내가 발버둥 쳐도, 시간이라는 거대한 흐름은 내 뜻대로 움직이지 않는다. 그걸 인정하고 기다릴 줄 아는 사람에게는 반드시 새로운 계절이 찾아온다. 개운이란 억지로 시간을 앞당기는 일이 아니라, 내 안의 호흡을 고르게 하며 그 시간이 다가올 때를 온전히 맞이할 준비를 하는 것이다.

13

21세기의
신살 해석이란

명리학에서 신살神煞은 사주팔자의 뼈대를 이루는 22개 글자의 상호작용 외에 보다 구체적이고 상징적인 사건이나 기운을 설명하기 위해 활용되는 부가 해석 도구이다. 신살은 크게 길신吉神과 흉살凶煞으로 나뉜다. 길신은 사람을 도와주고 운을 좋게 만들어주는 기운이고, 흉살은 사고, 질병, 손실 같은 부정적 사건을 암시하는 기운이다. 신살은 사주의 기본 구조와 오행의 흐름을 충분히 살핀 후 부차적으로 해석하는 것이 바람직하다. 신살만으로 길흉을 판단하거나 특정 신살이 있다고 해서 성급하게 단정하는 것은 무척 위험하다.

과거에는 부정적으로 해석되었지만 현대적 삶의 맥락 속에서는 다르게 읽히는 사례들이 많다. 신살은 기근이나 전쟁이 잦던 시대, 객사하고 굶어 죽는 사람이 있던 시대에 의미가 있었으나 현대 사회와는 맞지 않는다.

천을귀인天乙貴人이라는 단어도 신살의 한 종류로 분류되는데, 그 또한 현대에서 전혀 의미가 없다. 조선시대에 궁합을 보지 않고 데려가는 유일한 사주가 일지에 천을귀인이 있는 여자였다. 천을귀인은 보통 천우신조天佑神助라고 해서 사람이 위험에 빠질 때 도와주고, 시집을 가면 그 집안을 부흥시킨다는 뜻이기 때문이다. 그 시절에는 천을귀인 여자를 시집보낼 때 입던 속옷을 벗어두게 했다. 딸이 가버리면 집안이 망한다는 믿음 때문이었다.

그런데 현대 사회에서는 일주 천을귀인이라도 화류계 종사자도 있고, 힘들고 고단한 삶을 사는 경우도 많다. 옛날에 사주란 사대부를 중심으로 살피는 것이지, 태어난 때도 정확히 모르는 하층민이나 노비의 사주까지는 관심도 없었다. 그래서 좋은 천을귀인만 살펴본 꼴이 되었다.

우리가 천을귀인을 논할 때 일반적으로는 일지가 천을귀인이면 좋다고 생각하는데 그렇지 않다. 한 사주에서 천을귀인을 뜻하는 글자는 두 글자인데, 일지 글자를 포함해 두 글자가 모두 사주팔자에 존재해야 그 의미가 강하게 작용한다. 그리고 천을귀인 글자가 희신喜神으로 작용해야 한다. 희신은 자신의 사주에서 좋은 역할을 하는 글자라는 뜻이다. 그리고 해당 글자가 다른 글자의 충, 형, 파, 해害 등으로 상하면 안 된다. 이런 까다로운 조건이 충족되어야만 진정한 천을귀인이 될 수 있다.

대부분의 귀인이 그렇다. 문창귀인文昌貴人이 들어오면 학문에 조예가 깊다는데, 사주원국에 인성印星이 약하거나, 혹은 인성이 있어도 형, 충, 파 등으로 훼손되어 제대로 작동하지 못한다면 문창귀인이 아무리 많아도 공부를 할 수가 없다. 유교주의 사회였던 조선시대에는 어차피 양반들만 공부를 했으니 문창귀인이 의미가 있었을 것이다.

조선시대의 삶과 대한민국의 삶 속 길과 흉은 다른 의미를 가진다. 대표적으로 역마살驛馬煞이 그렇다. 조선시대 역마살은 정말 좋지 않은 흉살이었다. 역마살은 이 동네 저 동네를 오가야 하는 운명을 말한다. 그 시절 산을 넘어 동네를 옮겨 다니는 사람은 범죄자나 장사꾼뿐이었다. 이들은 산을 넘다가 호랑이에게 변을 당하는 등 늘 객사의 위험을 지니고 살아야 했다. 하지만 현대 사회에서 역마살은 자신의 능력을 확장시키는 좋은 살이다. 내 본거지에만 머무르는 것이 아니라 전국, 전세계로 뻗어나갈 수 있는 힘을 준다.

복숭아 도桃에 꽃 화花를 쓰는 도화살도 예전과 뜻이 사못 달라졌다. 이전의 도화살은 방탕한 여자를 뜻했다. 유교 사회에서 일부종사一夫從事 하지 않는 팔자는 험한 팔자라고 여겨서 도화살은 흉살에 가까웠다. 하지만 현대에 와서는 화려한 외모로 인기를 누리는 연예인 팔자가 도화의 긍정적인 사례이다. 잘 풀린 도화살은 만인의 사랑을 받는 좋은 살이다. 물론 멋진 가지에 핀 도화와 시든 가지에 핀 도화, 꺾인 도화 등 도화살도 여러 가지이지만 전통적 의미의 도화살에 비교했을 때 어떤 도화이든 긍정적으로 해석되고 있다. 은장도를 품고 다니는 시절도 아니고, 남자든 여자든 도화가 있어 사랑받는 것이 좋지 않은가.

신살 중에는 현대의 성공과 관련된 살도 있다. 성공한 삶이라는 건 남다른 삶이라는 의미이기도 한데, 남들보다 앞서고 싶다면 두 가지가 있어야 한다. 한 가지는 욕심이고, 또 다른 하나는 그 욕심을 실행할 수 있게 하는 힘이다. 남의 입에 있는 것도 꺼내 먹는 힘이 있어야 욕심을 채울 수 있다. 욕망을 이룬다는 게 그런 것 아닌가. 욕심과 실행하는 힘, 그 두 개를 가진 사람과 없는 사람은 신살로 명확하게 구분된다.

욕심은 특히 육해살六害煞, 실행력은 겁살劫煞과 재살災煞이 있어야 강력하게 나타난다. 육해살이 많을수록 강한 탐욕을 가지게 되고, 겁살이나 재살이 많을수록 그것을 추진하는 힘 역시 강해짐을 뜻한다.

겁살이나 재살은 수단이 되기도 하고 목적이 되기도 하는데, 수단으로 작용할 경우 불법, 폭력 등 안 좋은 방법을 통해서라도 추진하는 힘을 뜻하고, 목적으로 작용할 경우 남다른 성취를 얻는 대표적인 사주 유형이 된다. 예를 들어, 물로 태어났는데 나무를 키우는 사주라고 했을 때 어떤 사주는 나무가 꽃을 피우고 열매를 맺는 정상적인 성장의 과정으로 가기 위한 수단이 된다. 예쁜 꽃을 피우는 것이 목적이고, 그러기 위해 나무를 잘 가꾸는 것이다. 그러나 어떤 사주는 꽃이나 열매보다 나무 자체를 성장시키는 데 집중한다. 그럴 땐 나무만이 목적이 되는 것이다. 이런 사주는 겁살과 재살이 수단으로 작용하는데, 그런 사람들은 원하는 것이 있다면 수단과 방법을 가리지 않고 행하니 어떻게 해서라도 성공한다. 뺏는 것만이 목적인 사람은 0.001%의 상위계층이 될 가능성이 있다.

이 육해살, 겁살, 재살은 과거에 모두 흉살로 해석됐다. 가족에 변고가 있거나 재물을 빼앗기거나 건강이 망가지거나 재난을 당하는 살이었다. 그러나 현대의 해석은 자본주의 사회의 기준으로 부와 명예를 얻기 좋은 사주이니 흉살이라고 보기 어렵다.

망신살도 다르게 해석해야 한다. 망신살은 평소와 다르게 혹은 다른 사람과 다르게 과감한 의사결정을 한다는 뜻이다. 매번 주저하며 하지 않던 의사결정을 하는 것이니, 망신살이 들어왔을 때 긍정적으로 풀리면 더 큰 성공을 하게 된다. 예를 들어, 이성관계에서 망신살이 들어왔다면 평소라면 안 했을 고백으로 사귀게 될지도 모르는 일이다.

옛날 전쟁통에는 무시무시한 흉살의 의미 그대로 삶이 흘러갔다. 현대는 많이 달라졌다. SNS에 이 신살에 대한 해석이 자주 보인다. 흉살에 대한 고전적 해석을 보고 만세력 앱에서 확인한 사주 속 신살에 대입해 실망하는 사람들이 많다. 그럴 필요가 전혀 없다. 오답률이 자꾸 올라가는 챗GPT의 해석도 크게 믿지 말라. 같은 신살이라도 사주에 따라, 대운과 세운에 따라 작용하는 에너지가 달라진다. 그러니 현대에서 신살은 사주팔자 속 삶의 목적을 좀 더 풍성하고 입체적으로 설명해주는 상징 정도로 해석하는 것이 좋다.

14

시대의 눈으로 다시 읽는
사주팔자

사주팔자의 해석을 돕는 것 중 십성十星이 있다. 십성은 명리학에서 인간의 관계와 삶의 양상을 설명하는 중요한 개념이다. 일간을 중심에 두고, 그것과 음양이 같은지 다른지, 또 목·화·토·금·수, 오행의 관계가 생生인지 극剋인지에 따라 열 가지 경우가 만들어진다. 이것에 각각 이름 붙인 것이 바로 십성이다(134쪽 참조). 이 십성 중에 상관이 아주 재미있다.

상관은 관을 상하게 하는 기운이라는 뜻이다. 무언가를 상하게 한다고 하니 그 뜻만 봐도 좋지 않은 느낌이 온다. 관은 여자에게 남편을 뜻하는데 먼 옛날 상관을 가진 여자의 사주를 '남자 잡아먹는 팔자'라고 했던 시절이 있었다. 사실 상관은 좋아하는 남자를 가질 수 없는 팔자를 의미한다. 남자가 자꾸 죽어버리니까 내가 함께할 수 없는 것이다. 때문에 양반집에서 상관이 있는 여인은 혼처를 찾기 쉽지 않았다.

관은 전통적으로 질서, 규칙을 뜻하고 여자에게는 남자를 의미하니, 유교 사회에서는 너무나 중요한 글자였다. 그 시절 상관은 여자에게만 불운의 상징이었던 게 아니라 남자에게도 마찬가지였다. 문제의식을 가지고 끊임없이 상소를 올리는 사람은 주로 상관이 있는 사람들이었다. 그들은 역모를 할 가능성이 있다고 해서 제거 대상이 되기도 했다.

미루어보건대 주어진 제도를 받아들이지 않는 사람, 독립운동가들이 아마 상관이 많은 사람들이었을 것이다. 3·1운동이나 한국 근대사의 여러 정치적 혁명을 보면 우리나라 사람들은 상관이 강한 민족이라고 볼 수 있다.

상관을 가진 사람들은 회사 생활이 녹록지 않다. 불합리한 꼴을 보지 못한다. 호락호락하게 말을 잘 듣지도 않는다. 현대 사회에서 말 안 듣고 주장 강한, 상관을 가진 사람들은 주로 스스로 가치를 만들어내는 일을 한다. 이 시대에 다른 에너지로 상관의 기운을 쓰는 것이다. 이를테면 상관이 있는 여성은 남자를 잡아먹는 데는 관심이 없고, 차라리 창업을 한다. 여러 분야에서 과감한 시도를 하고 변화를 일으키는 역량이 있는 사람이다. 상관이 왕성한 기자는 끝까지 언론인의 자존심과 가치를 놓지 않고 꼿꼿한 자세로 산다. 옛 시대에는 반역으로 잡혀갔을 사람들이 현대에는 세상을 바꾸고 있다.

상관의 좋지 않은 에너지에 대한 설명이 쓰여 있는 오래된 명리학 서적에 이런 부연이 있다. "그럼에도 불구하고 상관은 굉장히 빼어난 기다." 빼어난 사람이 많은 우리나라는 식민지를 벗어난 몇 안 되는 국가 중 하나다. 아무리 통치자라도 잘못하면 봐주지 않는다. 민주주의가 무너지게 놔두지 않는 것뿐 아니라 더 강력하게 만든다. 상관이 있다면 주눅들지 말고 당당해지시길.

15

당신의 세상은
일주보다 넓다

인터넷이나 유튜브에서 일주론이 자주 회자되면서, 자신의 일주(태어난 날의 천간과 지지 두 글자)만으로 성격이나 운명을 단정하는 경우가 많아졌다. 실제로 "나는 무슨 일주니까 이럴 수밖에 없다"하는 식으로 자기 운명을 고정해 버리는 사람도 흔하다. 물론 일주는 중요한 의미를 지닌다. 일주는 '나'를 뜻하는 일간과, 그것을 둘러싼 지지가 함께 자리하기 때문에 개인의 기질과 정체성을 보여주는 핵심 기둥이다. 그래서 한 사람이 어떤 태도로 세상을 바라보는지, 무엇을 선호하고 꺼리는지에 대한 단서를 제공한다.

그러나 일주는 어디까지나 사주의 한 축이다. 나머지 여섯 글자와의 관계와 흐름을 고려하지 않으면 온전한 해석이 불가능하다. 사주팔자는 네 기둥, 여덟 글자가 하나의 유기적 구조를 이루는 체계다. 따라서 특정 일주만으로 삶 전체를 설명하려는 것은, 책의 한 챕터만 읽고 전체 줄거리를 다 안다고 착각하는 것과 같다. 60개의 일주가 존재하지만 MBTI의 16가지 유형을 조금 더 세분화한 수준일 뿐 삶의 무수한 변수를 담기에는 턱없이 부족하다. 같은 일주라도 사주의 유형은 8,640가지나 된다.

일주는 고정된 운명을 예언하는 것이 아니다. 같은 일주라도 어떤 월주와 만나는지, 어떤 시주가 배치되는지에 따라 전혀 다른 색깔이 된다. 예를 들면, 같은 갑신일주라고 해도 육체적으로 정말 신고하게 노동하는 사람들이 많고, 사업가도 많다. 여덟 글자 중 한 글자만 달라져도 전혀 다른 삶이 펼쳐진다. 따라서 일주 자체에 지나치게 의미를 부여하는 것은 아주 위험한 단순화다.

실제로 일주만 보고 섣불리 운명을 단정하는 오류는 출산 사례에서도 드러난다. 오래전 한 유명인사가 아이를 위해 좋은 날을 골라 제왕절개 날짜를 정했다. 사회의 기준에 맞는 성공이 펼쳐질 사주를 타고난다는 날짜였다고 한다. 하지만 시간을 간과했다. 아무리 길일을 선택해도 아이가 태어난 시간이 누락되면 전체 팔자가 완성되지 않는다. 거듭 강조하지만 명리학은 연·

월·일·시 네 기둥이 모두 어우러져야만 삶의 구조가 드러난다.

일주의 또 다른 한계는 그것이 가능성만을 드러낸다는 점이다. 예컨대 재물과 관련이 강한 일주라고 해서 모두가 부자가 되는 것은 아니다. 그저 재물이 중요한 삶의 환경 속에 놓일 가능성이 크다는 뜻일 뿐이다. 어떤 사람은 이를 사업으로, 또 다른 사람은 가족의 생계를 책임지는 방식으로 경험한다. 반대로 같은 일주라도 교육열이 강한 가정에서 태어나면 지적 성취로 나타나고, 경제적 압박이 큰 환경에서 태어나면 생존을 위한 현실 감각으로 발현될 수 있다. 결국 일주는 환경과 대운, 세운이라는 시간적 흐름과 맞물려야 비로소 구체적 삶으로 구현된다.

또한 일주만으로 관계의 복잡성을 설명하기 어렵다. 예를 들어, 부부, 자식, 형제 운은 십성과 육신을 통해 세밀하게 해석해야 한다.

일과 시는 내 안의 세상을 의미하고, 연과 월은 내 밖의 세상을 의미하므로 나를 뜻하는 일주는 정말 중요할 수밖에 없다. 그러나 일주는 그 사람의 정체성을 말해줄 뿐 그것만으로 삶의 방향을 보여주지 않는다. 분명히 중요한 단서를 제공하지만, 그 자체로는 완성된 해석이 될 수 없다. 명리학은 단편적 지식으로 운명을 단정하는 학문이 아니라 상호작용과 맥락을 통해 인간의 삶을 입체적으로 이해하는 지혜다.

16

정해진 사주 안에서
빛나는 당신

내비게이션이 없던 때가 있었다. 그런 시절이 있었다. 어디 멀리 여행이라도 떠나려면 자동차에 비치해둔 전국 지도책을 펴고 고속도로와 국도의 번호를 외워 길을 나섰다. 지금처럼 길이 복잡하지 않았지만 초행길을 운전할 땐 꽤 긴장이 됐다. 내비게이션이 등장한 지금은 어디를 가든 부담이 없다. 알려주는 대로 잘 따라가면 목적지에 도착한다. 내비게이션이 있어 사고로 꽉 막힌 길도 피하고, 홍수로 무너진 다리도 피할 수 있다. 사주팔자를 안다는 건 인생에 내비게이션을 장착한 것과 같다. 내가 가는 목적지와 경로, 그리고 그 길에서 마주치는 장애물을 알 수 있게 된다.

사실 사주를 안다고 해서 삶의 불안이 해소되는 것은 아니다. 사주대로 살아야 한다는 강박이 생기면 어쩌나 하는 걱정은 하지 않아도 된다. 공부를 열심히 하겠다고 마음먹고 책상을 청소했다고 해서 책상에 앉아 제대로 공부하는 사람은 많지 않다. 책상을 청소한 것만으로 뿌듯한 사람이 있고, 잠깐 공부하다가 다시 접는 사람도 있고, 드물게 제대로 공부하는 사람도 있다. 실제로 사주팔자에서 말하는 인생의 목적을 알게 되었다고 해도 나처럼 더 파고들어 확실하게 알아가는 사람이 있고, 이런 목적을 가졌구나 한번 위안 삼고 넘어가는 사람도 있다. 어떤 결핍을 안고 살아야 한다고 하면 거기에 좌절해 안절부절못하는 사람이 있는 반면, 가진 것에 더 기뻐하는 사람이 있다. 이러한 성향 또한 사주에 다 나와 있다. 그러니까 바로 이것, 나의 성향과 나아가려는 바를 이해하면 삶이 좀 더 수월할 것이라는 말이다.

　　만약 어떤 사람이 특정 기호나 가치관, 역량을 보유하고 있다면 그런 결과가 도출될 가능성이 높다. 가령 공부를 좋아하고, 사고하는 역량이 있다면 공부를 잘한다. 또 사주팔자는 환경의 의미도 있는데, 특정 글자가 많다는 것은 그런 환경에 놓이게 된다는 뜻이다. 만약 재財가 아주 많은 사주라면 부자라는 뜻이 아니라 재가 아주 중요한 삶의 환경이라는 뜻이다. 이렇게 자신의 환경, 생각, 역량을 지배하는 글자가 있으면 삶도 그렇게 될 가능성이 아주 농후하다.

결국 명리학에서 운명이 작동하는 방식은, 사주팔자와 대운이 지닌 기질적 에너지가 사람의 감정과 사고방식, 환경을 받아들이는 태도를 결정하고, 그 성향이 구체적인 행동과 선택으로 이어져 삶을 구성해간다는 것이다.

간혹 운동만 한 사람이 갑자기 공부를 시작해 성공하거나, 공부만 하던 친구가 갑자기 여자를 만나 공부를 등한시하는 것은 그런 글자가 대운에서 들어왔기 때문이다. 아직도 기억나는 사례가 있다. 어떤 분이 아들의 사주팔자를 의뢰했는데, 재성이 들어와서 인성을 합해 파괴하는 시기였다. 그래서 여자를 만나 공부를 때려치운 것이었다. 이 시기가 지나면 다시 공부할 테니 지켜보라고 했는데, 실제 1년의 방황 후에 원하는 결과를 얻었다. 글자가 마음을 지배하니, 그런 일이 벌어진다.

명리학을 신뢰하지 못하는 사람들이라도 사주팔자를 해석해 삶의 방식, 일과 결혼, 이혼 등 인생의 큰 이벤트와 관련된 시기가 정확하게 표시된 것을 이야기해주면 무척 놀란다. 하지만 애써 동요되지 않은 표정으로 묻는다. 사주팔자에 다 각인되어 있다면 될 사람은 되고, 안 될 사람은 영영 안 되는 것이냐고. 다 정해졌으니 열심히 살 필요가 없겠다고 체념하기도 하고, 노력이나 의지가 부정된다고 생각해 화를 내기도 한다. 비과학적이라고 단정 짓는 사람도 있다.

하지만 어떤 마음을 먹는다고 해서 명운이 바뀌지는 않는다. 자기 삶을 정비하는 데서 중요한 지점은 항상심이다. 그 마음을 계속 유지하는 것. 인간은 유약해서 아주 작은 것에도 항상심이 깨진다. 작은 불편, 작은 간섭만 생겨도 에너지가 유지되지 않는다. 굳게 마음먹고 며칠 버틴다고 해도 결코 오래가지 않는다. 다짐을 유지할 수 있다면 바꾸지 못할 것이 무엇이 있겠나. 눈앞의 일을 두고 놓지 못하는 습성이 있다면, 그 사람은 평생 게으르게 살지 않는다.

명리학에는 좋은 것과 나쁜 것이 없다. 그저 그런 것이 있다. 있는 그대로의 여덟 글자를 이해하고 받아들이라고 이야기할 뿐이다. 그럼에도 다 정해진 판에 장기말이 된 기분이 썩 좋지 않다는 것도 이해한다. 그러나 분명히 사람마다 노력해도 안 되는 것과 노력하지 않아도 쉽게 얻는 것이 있다. 가만히 앉아 있지 못하는 사람은 공부만 하면 성공한다고 해도 공부할 수 없고, 공부하지 말라고 아무리 설득해도 공부가 좋은 사람은 공부를 할 수밖에 없다. 사업, 운동, 사랑 역시 마찬가지다. 한순간 마음을 고쳐먹을 수 있지만, 지속하는 것은 쉽지 않다.

내비게이션은 내가 주소를 찍어야 길을 알려준다. 나를 끌고 다니는 기술이 아니다. 사주팔자도 내가 필요한 부분을 참고하면 된다. 사주팔자에 지배당할 것을 걱정할 필요는 없다. 사람의 생각이라는 게 그렇게 쉽게 바뀌지 않는다. 한 달에 한 번씩 상담을 와서 똑같은 질문을 하는 사람도 있다. 사주를 알게 된다고 일상이 그것에 맞춰서 움직이게 되지 않는다는 이야기다.

사람이 태어나 죽는 것은 거대한 스토리라인이다. 단 한 순간도 같은 운을 만나지 않으면서 이야기가 이어진다. 좋은 운과 나쁜 운이 밀고 이끌어 자신만의 스토리가 완성된다. 이 이야기 속에서 불운은 변화를 촉진하고, 멈춰 있던 자신을 움직이게 하는 아주 중요한 역할을 한다. 불운을 맞더라도 그것이 가리키는 방향을 잘 살펴보면 거기에 밝은 빛이 있다. 그렇게 시간이 흘러가면서 다시 좋은 운을 가져온다. 모든 것은 때가 있다. 똑같은 소나무라 하더라도 해월(양력 11월) 이후에는 그 가지를 꺾어 불을 땔 수 있다. 그런데 봄, 여름, 가을 소나무 가지는 물이 많아 불을 지필 수 없다. 연기만 가득할 뿐이다.

나는 명리학을 공부하고 자유를 얻었다. 불운과 고통이 내 잘못이 아니라는 걸 알게 됐다. 강력한 힘을 가진 시간이 결국엔 변화를 가져올 것이라는 것 또한 깨닫는다. 많은 사람들이 자신의 여덟 글자를 알고 자유롭게 달렸으면 한다. 인생의 내비게이션이 있다면 어떤 길도 두려움 없이 마주할 수 있다.

명리학 개념 정리

사주팔자 속에는 하늘과 땅, 그리고 인간의 삶을 관통하고 순환하는 자연의 원리들이 정교하게 숨어 있다. 각 글자는 천간과 지지, 그리고 음양오행의 힘을 담아내며, 그 배치 속에서 인간의 성향과 환경, 삶의 방향이 드러난다. 같은 글자라 해도 어떤 기둥에 놓이는지, 어떤 글자와 관계를 맺는지에 따라 전혀 다른 의미로 작동한다. 명리학은 바로 이 미세한 상호작용을 읽어낸다. 그 구체적인 구조와 원리, 즉 사주팔자가 어떻게 짜여 있고, 어떤 방식으로 운의 흐름과 만나는지 하나씩 살펴보자.

1. 사주팔자 네 기둥의 의미

만세력 애플리케이션을 열고 자신의 생년월일시를 입력해보자. 자신의 양력 생일을 입력하면 된다. 명리학이 동양철학이라 태음력에 기반할 것이라고 생각하는 사람들이 아주 많다. 상담할 때 굳이 자신의 음력 생일을 찾아주는 분도 있다. 그런데 명리학은 태양력에 기반한 양력이 기본 질서다. 자신이 태어난 월은 절기에 기반하는데, 절기에 사용되는 달력이 태양력, 즉 양력이다.

양력을 쓰는 또 다른 이유는 윤달이다. 알다시피 태음력에는 윤달이 있다. 태음력과 태양력 사이의 간격을 조절하기 위해 있는 것인데, 윤달 생일은 조정이 필요하다. 윤달이 있는 해에는 특정 달이 중복되어 있다. 예를 들면 윤3월이 있는 해에는 일반적인 음력 3월이 있고, 윤3월이라고 3월이 한 번 더 있는 식이다. 같은 3월이라고 해도 날짜가 완전히 다르다. 그러므로 양력으로 사용하는 것이 정확성을 높일 수 있다.

조회 버튼을 누르면 다음과 같은 그림이 뜬다.

시주	일주	월주	연주
기己	갑甲	기己	신辛
사巳	진辰	해亥	유酉

  1981년 신유년, 11월 기해월, 22일 갑진일, 오전 11시 기사시에 태어난 사람의 사주팔자다. 사주를 읽을 때는 오른쪽부터 읽는다. 연주, 월주, 일주, 시주로 보고 읽는 것이 질서다. 이 사람의 연주는 천간 신금, 지지가 유금이다. 이렇게 글자를 부를 때는 한자 음과 해당 글자의 오행을 붙여서 부른다. 월주는 천간이 기토, 지지는 해수이다. 일주는 천간에 갑목, 지지에 진토, 시주는 천간이 기토, 지지는 사화이다.

  천간과 지지는 양은 양끼리, 음은 음끼리 만나는 것이 규칙이다. 그래서 천간 10개 글자, 지지 12개 글자가 만들어 내는 조합이 120개가 아니라 60개이다. 그런데 이를 거스르는 에너지가 있다. 지지 화와 수가 그렇다. 물과 불은 자신이 양이라도 음의 역할을 하고, 음은 양의 역할을 수행한다. 그래서 월주와 시주 천간인 기토는 음이라도 양의 물인 해수와 양의 불인 사화와 짝을 맺고 있다. 오직 불과 물만 그렇게 작용한다.

　사주의 모든 글자는 자신만의 음양오행이 있기 때문에 태어난 월, 계절에 따라 글자의 힘이 다를 수밖에 없다. 겨울에 태어난 나무 와 여름에 태어난 나무는 힘과 쓰임새가 다르다. 이렇게 역할을 받고 환경에 따라 힘의 강약이 정해진 팔자가 각각의 상호작용을 통해 한 사람의 의사결정 기준, 가치관, 기질, 역량을 결정한다. 특히 힘 있게 천간에 자리 잡은 글자에는 그 사람이 지향하는 바가 담겨 있다.

　사주팔자를 구성하는 22개의 글자는 특정한 에너지를 대변하는 데, 각 글자들은 서로 상호작용을 하면서 합습을 이루거나 충沖하거 나 형刑 혹은 파破한다. 합은 말 그대로 서로 합해지는 것이고, 충은 충돌하면서 나아가는 것을 말한다. 형은 관계나 내면이 틀어지는 긴 장, 파는 기능이 깨지거나 역할이 무너지는 손상의 뜻을 담고 있는 데, 둘 다 다른 에너지와 만났을 때 깨져버리는 걸 의미한다. 공간이 깨졌다는 건 형과 파가 된다는 의미다. 이를테면, 센 불과 약한 물이 만났을 때 물은 증발해버릴 수밖에 없다. 이렇게 한쪽이 깨져버리면 물이라는 글자가 있더라도 그 역량을 발휘하지 못하게 된다.

◇

사주팔자에 담긴 가치관과 역량 등은 태어나 만나는 물리적 환경과 상호작용을 통해 구체적인 삶으로 확장되고, 이때 만나는 운과 결합해 삶의 방향이 결정된다.

명리학에서 말하는 환경은 이렇게 두 가지 의미를 갖는다. 사주팔자의 8개 글자 구조에 따라 보이는 환경과, 사람이 살아가면서 만나는 가족, 친구, 학교, 회사, 지역, 사회 등과 같은 실제적인 의미로서의 환경을 말한다. 두 환경 모두 삶에 지대한 영향을 미치는데, 사주팔자가 의미하는 환경은 태어나는 순간 정해지니 통제할 수 없다. 그러나 실제적 의미로서의 환경은 그나마 통제가 가능하다.

쌍둥이처럼 같은 사주팔자라도 다른 삶을 살아가는 것은 실제적 환경 차이 때문이다. 젖을 먼저 물리는 아이가 있고, 울 때 먼저 안아주는 아이가 있다. 또한 만나는 친구나 배우자가 서로 다르니 같은 사주지만 절대 같은 삶을 살 수 없다. 똑같은 사주라고 해도 안정된 가정, 안정된 국가에서 자란 사람과 불안정한 가정과 국가에서 자란 사람은 당연히 다르게 산다.

◇

사주팔자의 네 기둥은 연·월·일·시 순서대로 태어나서 자라는 과정의 시간적 의미와, 또 부모와 형제, 나와 나에게서 파생된 자식이라는 관계의 공간적 의미로 나누어볼 수 있다. 시간적으로 보면, 일간은 나 자신을, 월주는 내가 놓인 환경을 뜻하며, 연주는 과거, 시주는 미래의 세계를 드러낸다. 공간적으로는, 연과 월은 부모, 형제, 조상, 사회, 국가의 공간이고, 일과 시는 각각 자신의 공간, 자식의 공간을 의미한다. 이렇게 사주팔자는 자신의 공간 에너지와 바깥 공간에 위치한 에너지의 교류 방식을 뜻한다. 그러니까 부모, 형제, 배우자, 자식을 상징하는 글자가 나 자신의 글자와 만나 어떻게 상호작용하는가에 따라 그들과의 관계를 해석한다.

사주의 해석에서 가장 눈여겨봐야 하는 건 일간이다. 네 기둥에서 태어난 날로 표시되는 왼쪽에서 두번째 기둥이 사주팔자의 주인공이다. 모든 건 여기서부터 시작된다. 우선 일주의 지지, 내가 깔고 있는 자리가 배우자가 들어오는 공간이다. 사주팔자는 8개의 글자 중 내 안에 있는 에너지와 세상의 에너지가 어떻게 교환하는지 살핀다. 때문에 일주와 시주, 내 안의 에너지가 중요하다. 공간적으로 봤을 때 나 그리고 태우자, 나와 배우자로 인해 태어난 자식의 공간인 일주와 시주는 내 안의 세상이고 연주와 월주는 내 밖의 세상이다. 그러니 고부갈등에서 어머니의 편을 드는 남편만큼 미련한 사람이 없다. 바깥 세계가 아닌 나의 세계를 먼저 살피고 보듬는 게 마땅한 순서다. 이미 내 세계에 어떤 사주팔자를 가진 사람이 들어올지 정해졌기 때문이다.

한 가지 추가로 해석되는 것이 있는데, 성취의 크기다. 똑같은 글자라도 연에 있느냐 시에 있느냐에 따라 완전히 의미를 달리한다. 예를 들어, 부자가 되려면 '돈'을 의미하는 글자가 연에 들어오는 것이 좋다. 물론 그 글자가 나를 뜻하는 일간의 글자와 합이 들어야 한다. 서로 에너지를 주고받으며 연에 있는 돈을 나에게 끌어올 수 있어야 한다. 결국 내 세계의 구성에 따라 규모가 달라지는 것이다.

직업도 마찬가지다. 만약 연주에 그 사람의 밥그릇을 뜻하는 글자가 있다면 더 큰 범위의 일을 하게 된다. 공무원을 예로 들면, 연주에 관련 글자가 있다면 국가 공무원이 되고, 거기에 권력의 글자가 있다면 국가 단위의 권력을 갖게 된다. 만약 그 같은 글자가 시주에 있다면 같은 공무원이지만 작은 지역에서 일하는 팔자이다. 이 역시 나와 합으로 이어져야 한다.

2. 삶의 틀이 되는 사주팔자의 구조

사주팔자와 대운, 세운은 모두 글자로 나타난다. 세상에 존재하는 특정한 에너지를 표현하는 22개 글자가 각각의 공간에 배치된다. 사주팔자 여덟 글자와 대운의 두 글자, 세운의 두 글자 총 12개의 글자가 영향을 주고받으며 삶의 인덱스를 만들어낸다. 이 글자들을 두 갈래로 나누면 음양陰陽, 다섯 갈래로 나누면 오행五行, 여섯 갈래로 나누면 육신六神, 열 갈래로 나누면 십성十星이다. 그리고 이것이 인덱스를 구성하는 기본이 된다.

음양은 세상의 기운을 두 가지 질서로 나눈 것이다. 양陽은 보이지 않는 흐름과 작용, 즉 기氣를 뜻한다. 음陰은 물질로 드러나는 실체, 곧 질질質을 가리킨다. 흔히 양이 크고 강하고, 음이 작고 약하다고 생각하지만 이는 오해다. 실제로는 음이 훨씬 더 강력한 존재로 작용하는 경우가 많다.

오행은 자연을 이루는 다섯 가지 에너지다. 목木은 봄과 생명, 화火는 여름과 꽃, 금金은 가을과 열매, 수水는 겨울과 씨앗의 휴면을 뜻한다. 토土는 이 모든 과정이 이루어지는 공간이자 계절의 전환기다. 사주팔자 각 글자의 역할은 오행을 중심으로 하는 생극제화生克制化 작용으로 결정된다. 일간을 기준으로 글자 간의 생극제화를 감안하여 각 글자의 육신과 십성이 정해진다. 이는 오행이 서로 돕고(생), 제어하고(극), 균형을 이루고(제), 변화를 만들어내는(화) 상호작용을 말한다. 이 생극제화는 십성의 구조를 이해하는 기초가 된다.

육신은 오행이 사람의 성향과 관계 속에서 어떤 방식으로 작용하는지를 비겁比劫, 식상食傷, 재성財星, 관성官星, 인성印星과 '나'라는 일간을 더한 여섯 가지 흐름으로 나눈 것이다.

십성은 육신을 음양에 따라 더 세밀하게 열 가지로 분류한 것이다. 나와 같은 성질을 가진 비견比肩·겁재劫財, 내가 에너지를 내어주는 식신食神·상관傷官, 내가 소유하고 지배하는 편재偏財·정재正財, 나를 규제하고 제어하는 편관偏官·정관正官, 그리고 나를 돕고 길러주는 편인偏印·정인正印이 그것이다. 십성은 부모, 배우자, 자식, 형제, 재물, 명예 등 삶의 다양한 영역을 상징한다.

음양과 오행, 육신과 십성은 사주팔자를 이해하는 데 필요한 기초적인 개념이지만 이것만으로 사주를 해석할 수는 없다.

◇

오행의 생극제화 작용을 토대로 사주팔자를 해석하는 방법은 큰 오류를 불러올 수 있다. 사주팔자를 결정하는 데 가장 중요한 요소인 사주 구조를 먼저 보고, 각 글자 간의 합·충·형·파 등의 상호작용을 봐야 한다. 오행의 생극제화는 각 글자의 에너지 작용을 지나치게 단순화해 사주 해석에 전혀 도움이 되지 않는다.

예를 들어, 흔히 목생화木生火라고 말한다. 나무가 불을 생한다는 뜻이다. 그런데 나무를 뜻하는 인목寅木과 묘목卯木, 불을 뜻하는 사화巳火와 오화午火가 있을 때, 인목이 오화는 생하지만 사화와는 파하여 깨진다. 반면 묘목은 사화를 생하지만 오화와는 서로 충한다. 또 흔히 금극목金剋木이라 하여 금은 나무를 극한다고 하지만, 실제로는 묘목과 신금辛金은 서로 합하는 에너지가 있다. 극이라 해도 그 정도는 인목과 신금의 충과는 현저히 다르다.

오행은 단지 분류의 체계일 뿐, 실제 해석의 단위는 글자 하나하나다. 오행을 논하는 것은 "저는 지폐가 몇 장 있어요"라고 말하면서 그것이 5만 원권인지, 1만 원권인지, 5천 원권인지 구분하지 않는 것과 같다. 중요한 것은 '몇 개'가 아니라 '무엇'이 있는가다.

　육신과 십성도 오행의 작용을 세분화한 분류법일 뿐이다. 재성은 부친을, 인성은 모친을 상징한다고 알고 있는 사람들이 많을 것이다. 그게 사주팔자의 개념을 이해하는 기본 법칙이기는 하지만 재나 인이 전혀 없는 사주도 많다. 그렇다면 그런 사람은 부모가 없을까. 세상에 부모 없이 잉태된 사람이 어디 있겠는가. 사주는 상징의 구조로 읽어야 한다. 경우에 따라 재성이나 관성이 부친이 되기도 하고, 인성이 없더라도 비겁이나 식상이 모친이 될 수도 있다.

　구조에 따라 역할이 달라진다. 재가 없다고 해서 돈이 없는 것도 아니다. 재가 없으면 무재사주라 하여 가난할 것이라 여기는 사람이 많지만, 실제로 재가 없어도 관이 재가 되거나, 식상이 재로 작용하는 사주에는 큰 부자가 많다.

　사주 해석은 오행의 수와 생극 관계, 일주론이나 월지의 환경으로 단정할 수 없다. 핵심은 22개의 글자 중 내게 주어진 여덟 글자가 어떤 관계망을 이루고 있는가, 즉 사주의 전체 구조다. 이 구조 속에서 부모, 형제, 배우자, 자식 그리고 부귀와 성취가 결정된다.

3. 천간과 지지, 순환하는 22개 글자

사주팔자에 쓰이는 22개 글자는 세상의 에너지를 대변한다. 이 글자는 천간 열 글자와 지지 열두 글자로 구분되는데 각 글자 고유의 음양, 오행 성분이 정해져 있다. 음양은 기준과 상황에 따라 달라지는 상대적인 개념이고 오행은 절대적인 개념이다.

세상 만물은 음과 양의 긴장 속에서 존재한다. 두 힘은 서로 맞서지만 결코 떨어져 있지 않으며, 한쪽이 커지면 다른 쪽은 줄어들어 균형을 만든다. 이 균형이 깨어질 때 변화가 일어나고, 새로운 생명이 탄생한다. 즉, 음과 양은 절대적으로 고정된 실체가 아니라 서로를 비추며 끝없이 순환하는 관계라 할 수 있다.

오행은 우주의 모든 사물과 현상의 상호작용을 오가는 다섯 개의 길로 목·화·토·금·수의 다섯 요소가 있다. 이것은 절대적 성질을 가지고, 서로 연결돼 자연의 질서를 이루며 사물과 현상을 이해하는 근본 원리로 작용한다. 물은 나무를 키우고, 나무는 불을 일으키며, 불은 타고 나면 흙을 기름지게 한다. 흙은 금속을 품어내고, 금속은 다시 차가운 성질로 물을 불러낸다. 이를 상생相生이라 한다. 서로 살아나고 돕는 것을 말한다. "조금씩 양보하는 것이 상생하는 길이다" 할 때의 그 상생이 이 오행에서 나온 단어다. 이 아름다운 단어를 탄생시켰으나, 오행은 서로 돕지만은 않는다. 나무는 흙을 뚫고, 흙은 물길을 막으며, 물은 불을 끄고, 불은 금을 녹이고, 금은 나무를 자른다. 이를 상극相剋이라 부른다.

세상의 모든 움직임은 이렇게 서로 돕고 서로 제어하는 이중의 흐름 속에서 균형을 유지한다. 명리학이 말하는 오행은 단순한 다섯 조각의 합이 아니라, 이 다섯이 끊임없이 주고받으며 만들어내는 조화의 패턴이다.

오행의 추상적 개념은 사주팔자에서 천간을 통해 구체적으로 설명된다. 사주팔자 네 기둥의 윗부분에 들어가는 10개의 글자가 양음으로 둘씩 짝을 이뤄 오행을 나타낸다.

천간	갑甲	을乙	병丙	정丁	무戊	기己
음양	양	음	양	음	양	음
오행	목木		화火		토土	

천간	경庚	신辛	임壬	계癸
음양	양	음	양	음
오행	금金		수水	

목은 갑甲과 을乙로 나뉘는데, 갑목甲木을 큰 나무, 을목乙木을 넝쿨로 보는 건 아주 좁은 해석이다. 갑목은 나무의 뿌리를 의미하고 땅을 뚫고 나온 나무를 전부 을목이라고 한다. 을목이 원하는 건 꽃을 피우고 열매를 맺는 것이다. 자신이 꽃 피워야 직성이 풀리는 을목은 실증적이고 욕구 지향적이고 출세 지향적이다. 반면 갑목은 뿌리를 내리기 때문에 자기가 터전이 된다. 선봉에 서서 시행착오를 떠안는 에너지다.

화는 병丙과 정丁이다. 이것도 큰 불과 작은 불이 아니다. 병화丙

火는 빛, 정화丁火는 열을 의미한다. 병화는 사주 전체가 뜨거워져서 빛이 열로 변하면 좋지 않다. 그러나 정화는 아무리 뜨거워도 상관 없다. 불이 정말 많은 사주인데 정화라면 일이 잘 풀린다. 그러니까 목으로 묶인 갑과 을, 불로 묶인 병과 정이 크고 작은 개념이 아니라 완전히 다른 에너지를 뜻한다.

토는 무戊와 기己인데 무토戊土라는 땅은 을목이 꽃을 피우고 열 매를 맺는 터전이다. 기토己土는 감자나 고구마 같은 뿌리 채소들의 에너지가 응축되는 땅이다. 가르치는 일을 하는 사람들 중에 무토를 가진 사람들이 많다. 기토를 가진 사람들은 대부분 욕심이 많고 자 기중심적이다. 모든 걸 자기 안에 넣고 그 안에서 무언가 이루어지길 바란다.

금은 경庚과 신辛이고, 경금庚金은 열매, 신금辛金은 씨앗이다. 복숭아로 치면 경금은 복숭아 자체이고 신금은 복숭아의 씨앗이다. 그래서 경금이 제일 싫어하는 것이 물이다. 복숭아가 물에 잠기면 썩 어버리기 때문이다. 경금인 사람에게 물이 많으면 방탕해지기 쉽다. 신금은 반대로 물이라는 존재가 아주 좋다. 씨앗은 물에 젖어야 발 아된다.

마지막으로 **수는 임壬과 계癸**. 임수壬水와 계수癸水로 나뉜다. 임수는 에너지를 모아 뿌리내리게 하는 물을 의미한다. 계수는 흐르는 물이다. 갑목은 임수를 좋아한다. 에너지가 응축해 뿌리를 내려야 하기 때문이다. 을목은 계수를 만나면 좋다. 열매를 맺고 꽃 피우기 위해 흐르는 물이 필요해서다. 간단하게 정리하면 다음과 같다.

목: 갑목(나무의 뿌리) **+ 을목**(땅을 뚫고 나오는 모든 나무)

화: 병화(빛) **+ 정화**(열)

토: 무토(나무의 터전) **+ 기토**(에너지가 응축되는 땅)

금: 경금(열매) **+ 신금**(씨앗)

수: 임수(응축된 물) **+ 계수**(흐르는 물)

나무, 불, 흙, 금속, 물, 다섯 가지 물질로만 생각하지만, 사실 오행은 그 물질이 지닌 에너지의 본질과 작용을 비유한 것이다. 사주팔자에서 오행이 중요한 것은 바로 이 다섯 기운이 사람의 삶과 운명을 움직이는 기본 틀을 이루기 때문이다. 팔자 속에 배치된 오행이 서로 어떤 관계를 맺고 있는지를 얼마나 제대로 아느냐가 사주팔자 해석

의 관건이다. 같은 불이라도 어떤 위치에 놓였는지, 어떤 글자와 만났
는지에 따라 전혀 다른 의미가 된다. 내게 도움을 주는 불일 수도 있
고, 오히려 나를 소모하는 불일 수도 있다. 뿌리와 나무의 성질, 불과
빛의 차이, 에너지를 퍼뜨리는 땅과 모으는 땅의 다름, 열매와 씨앗,
흐르는 물과 얼어 있는 물 등 천간으로 표현되는 오행의 다양한 의미
를 제대로 알고 해석해야 있는 그대로의 사주팔자를 읽을 수 있다.

　자신을 나타내는 일간의 글자가 여자는 갑목, 남자는 을목인 부
부가 있었다. 부부는 사주팔자를 볼 때마다 큰 나무인 여자의 그늘
아래 넝쿨나무 남편이 기대어 살 것이라고 했는데 현실은 정반대라
며 나를 찾아왔다. 갑목과 을목을 큰 나무와 넝쿨로 해석하면 이렇
게 잘못된 정보를 얻게 된다. 양은 기, 음은 질, 즉 물질로 실제적으
로 양보다 음이 훨씬 강한 존재다. 역대 대통령들의 사주를 살펴보면
대부분 을목이다.

　경금과 신금도 큰 쇳덩이와 날카로운 칼날보다 열매와 씨앗으로
해석하는 것이 더 현실적이다. 금이 가을이나 겨울에 태어나면 금수
상관희견관金水傷官喜見官이라고 열이 있으면 굉장히 좋다. 기후가
건조했을 때 좋은 빈티지의 와인이 생산되는 것과 같다. 때문에 경

금인데 겨울에 태어난 사람은 불이 중요하다. 그 사람에게 불이 있으면 열매가 잘 무르익는다. 하지만 사주에 물이 가득하다면 썩어버린다.

신금은 씨앗이므로 물이 많으면 좋다. 발아가 되기 때문이다. 신금에게 토가 많으면 흙 안에 묻힌다. 물 없이 흙 속에 묻혀 있다면 좋은 것을 지니고 발휘하지 못한다. 씨앗의 목적은 발아이므로 흙보다는 물을 만나는 것이 좋다. 그러나 물이 너무 많으면 씨앗도 썩어버릴 수 있다. 신금은 씨앗이기 때문에 자존감이 높다. 씨앗은 모든 것의 시작이므로 아주 중요한 존재다. 신금의 글자를 뿌리로 가지고 있는 사람들은 그래서 다른 사람의 말을 잘 듣지 않고, 자존감이 높다. 자기가 세상에서 제일 중요한 물질이기 때문이다. 이 신금을 싫어하는 글자가 갑목이다. 신금 입장에서는 씨앗으로서 나무가 되는 목적을 실현하는 것이지만, 나무인 갑목 입장에서는 자신의 소임을 다하고 다시 씨앗이 되는 것이니 결국 소멸을 뜻한다. 다른 사람과의 관계가 아니라 내 사주 안에 갑목과 신금이 부딪히면 갑목이 잘리는 형상이 된다.

각자의 사주에는 오행의 다섯 기운이 저마다의 조합으로 새겨져 있고 그 배열과 관계가 삶의 흐름을 결정짓는 바탕이 된다. 어떤 에너지로 자신의 삶이 움직이는지를 오행으로 들여다보면, 나를 지탱하는 힘과 나를 흔드는 약점을 동시에 발견할 수 있다.

22개 글자 중 여덟 글자가 사주의 천간과 지지를 이룬다. 이때 양의 천간은 양의 지지와, 음의 천간은 음의 지지와 짝을 이룬다. 예외적으로 자와 오는 음이지만 양의 천간과 짝을 이루고, 사와 해는 양이지만 음의 천간과 짝을 맺는다. 자, 오, 사, 해, 네 글자는 자신의 본질과 달리 작용할 때 음양이 바뀐다.

지지地支	자子	축丑	인寅	묘卯	진辰	사巳
음양	양	음	양	음	양	음
오행	수	토	목	목	토	화

지지地支	오午	미未	신申	유酉	술戌	해亥
음양	양	음	양	음	양	음
오행	화	토	금	금	토	수

천간 10개와 지지 12개의 경우의 수가 왜 120가지가 아닌 60가지인지 궁금했을 텐데 이런 음양 규칙의 조합 때문이다. 양의 천간 다섯 자와 양의 지지 여섯 자가 결합해 30가지, 음의 천간 다섯 자와 음의 지지 여섯 자가 만나 30가지, 총 60가지의 기둥이 만들어지는 것이다.

천간에 있는 글자는 해당 오행의 아주 순수한 에너지를 담고 있다. 물로 치면 천간에 있는 물은 수증기와 같아 맑고 순수한 물이다. 반면 지지는 물질로 현실세계에 있는 물을 의미한다. 천간은 그래서 맑고 순수하나 힘이 약하다. 지지는 물질로 아주 단단하고 강하나 여러 에너지가 혼재되어 있다. 맑고 순수한 천간은 그래서 합하는 글자가 하나씩밖에 없다. 반면 지지는 합하는 글자도 상대적으로 다양하다.

12개 지지가 어떤 에너지로 혼재되어 있는지를 나타내는 것이 지장간地藏干이다. 지장간은 지지 속에 천간의 에너지가 들어 있다는 뜻이다. 말 그대로 '땅속에 감추어진 천간'이다.

지장간은 겉으로 드러나지 않지만, 실제 작용은 매우 크다. 천간이 하늘 위에서 드러난 의식의 세계라면, 지장간은 땅속에서 무의식처럼 작동하는 에너지의 층이다. 앞서 명리학의 22개 글자는 세상을 이루는 에너지를 대변한다고 설명했다. 이 글자들이 위대한 것은 12개 지지 속에 있는 지장간 때문이다. 12개 지지 각 글자는 자연의 순환을 의미하고, 그래서 1년 열두 달을 의미한다. 각 달의 에너지 흐름은 지장간 속에 명확히 표현되어 있다. 어떻게 몇천 년 전의 사람들이 이런 복잡하고 세밀한 에너지 작용을 알고 각 글자 속에 집어넣었을까? 어떻게 거대한 자연의 순환, 에너지의 순환이 12개의 글자 속에 완벽히 담겨 있을까? 그 정교함에 명리학을 연구하는 사람들은 항상 놀란다.

　예를 들어, 인목 속에는 병화, 무토, 갑목이 숨어 있다. 즉 나무 속에는 이미 불과 흙의 성질이 함께 들어 있는 셈이다. 단순히 '인목은 나무다'라고만 보면 불완전한 해석이 된다. 인목이 가진 불의 기운은 따뜻함과 추진력을, 흙의 기운은 현실적 실행력을 부여한다. 같은 목이라도 지장간의 구성에 따라 완전히 다른 작용을 하는 이유가 여기에 있다.

　지장간은 표면의 천간보다 더 세밀하고 입체적이다. 천간이 사주의 표면적 성향을, 지장간은 그 아래의 근원적 본성을 드러낸다. 그래서 명리학에서는 겉으로 드러난 글자만 보고 해석하지 않는다. 지지의 지장간까지 읽어야 진짜 그 사람의 구조를 이해할 수 있다. 마치 음악이 음표로만 구성되는 것이 아니라 그 사이의 쉼표와 여운으로 완성되듯, 사주 역시 겉과 속이 함께 작용하여 하나의 리듬을 만든다는 뜻이다.

　지장간은 또한 시간의 저장소이기도 하다. 천간이 순간의 에너지를 상징한다면, 지장간은 축적된 기억과 경향을 나타낸다. 어떤 사람의 인내력, 습관, 본능적 반응 등은 대개 지장간의 영향에서 비롯된다. 결국 지지의 지장간은 하늘의 기운이 땅속에 저장되어 다시 순환의 바탕이 되는 자리다. 그래서 명리학의 구조는 단순히 다섯 오행의 순환이 아니라 그 안에 세밀한 층위와 깊이를 가지고 있다.

육십갑자는 60년을 주기로 반복한다. 첫번째 갑자甲子부터 60번째 계해癸亥까지 순환하면 61이 아니라 다시 1로 돌아간다. 그래서 명리학은 육십진법으로 움직인다. 해는 60년마다 같은 갑자를 만나게 되고, 달은 1년이 열두 달이므로 육십진법에 따라 5년에 한 번씩 순환한다. 일 역시 육십진법으로, 1년 안에 같은 일주는 여섯 번 돌아온다. 시의 경우 하루에 12개의 시지가 있으니, 5일마다 같은 글자의 시간이 된다.

이렇게 60갑자라는 기둥만 순환하는 것이 아니라, 천간과 지지도 각각 순환을 뜻한다. 천간의 갑을·병정·무기·경신·임계는 나무가 자라 꽃이 피고, 열매가 맺어 씨앗이 다시 나무로 태어나는 생명의 순환을 의미한다. 지지 또한 마찬가지다. 지지의 인묘진·사오미·신유

술·해자축은 목·화·금·수가 토를 중심으로 끊임없이 순환하는 질서를 상징한다.

천간과 지지가 끊임없이 순환한다는 사실을 아는 것은 매우 중요하다. 그것은 사람이 태어나 죽을 때까지 단 한 순간도 같은 글자를 반복해서 만나지 않는다는 뜻이다. 연·월·일·시는 모두 순환 구조 속에서 육십진법으로 반복되지만 사주팔자와 대운, 세운을 함께 고려하면, 태어나 죽을 때까지 완전히 같은 글자가 한자리에 모이는 경우는 단 한 번도 없다.

하루의 기운을 뜻하는 일운도 천간과 지지가 계속 바뀌고, 월운, 세운, 대운 역시 쉼 없이 변한다. 그래서 하루가 다르고, 달이 다르고, 해가 다르고, 인생의 큰 흐름인 대운도 다르다. 이것이 명리학의 아주 중요한 법칙이다.

이 원리를 알면 세상을 다르게 보게 된다. 오늘이 지옥 같은 사람이라도, 그 지옥을 뜻하는 글자는 언젠가 반드시 지나간다. 반대로 지금 인생의 절정을 누리고 있는 사람이라도, 그 시기의 글자는 반드시 사라지고 다른 글자가 들어온다. 그러므로 아무리 힘들어도 버티면 좋은 시절이 온다. 아무리 잘나도 그 운이 영원할 수 없다.

삶이란 결국 순환이다. 그러니 실망하여 삶을 포기하는 것도, 잘 나서 자만하는 것도 모두 명리를 모르는 까닭에서 비롯된다. 일희일비하며 흔들리는 마음, 잠시의 영광에 취하거나 한때의 어둠에 좌절하는 태도는 명리학의 관점에서 보면 모두 어리석은 사고방식이다. 세상은 정지하지 않는다. 끊임없이 흘러가고, 바뀌고, 다시 피어난다. 운이란 결국 멈추지 않는 순환 속에서 살아 있는 것이다.

이 순환하는 반복이 명리학의 예측 기능을 가능하게 한다. 예를 들어 대대로 을사년에는 나라의 큰 혼란이 있었다. 1545년 을사사화, 1905년 을사늑약, 1965년 굴욕적 한일협정 그리고 현재 2025년의 정치적 대혼란을 생각하면 이 반복의 고리를 떠올리지 않을 수 없다. 순환하는 60갑자 속에 개인만이 아니라 국가도 흥망성쇠를 거듭한다. 봄이 가고 여름이 오고 가을을 거쳐 겨울이 오듯, 모든 것이 돌고 돈다.

4. 오행의 순환과 육신에 대하여

사주팔자에서 일간은 나 자신을 의미하고, 각 글자의 오행이 일간과 어떤 생극 작용을 하는지에 따라 역할이 규정된다. 일간과 같은 오행은 비比다. 일간이 생하는 오행은 식食, 일간이 극하는 오행은 재財가 된다. 일간을 극하는 오행은 관官, 일간을 생하는 오행은 인印이 된다. 나 자신과 비, 식, 재, 관, 인으로 여섯 가지이고 이것을 육신이라 부른다.

육신은 십성과 함께 사주팔자 해석에 중요한 두 가지 역할을 한다. 첫째, 육신은 사람이 살면서 성취하는 세속의 부귀를 의미한다. 비는 세력, 식은 진로, 재는 재물과 건강, 관은 직업이나 권력, 인은 학문과 명예이다. 둘째, 육신은 가족 관계를 의미하는 육친과 연결된다. 즉 이 육신을 통해 개인이 추구하는 삶의 목표, 얻게 되는 세속적인 성취, 육친의 복을 가늠할 수 있다.

육신이 의미하는 세속적인 성취는 남녀가 동일하지만 육신이 의미하는 육친은 남녀가 다르다. 명리학은 남녀의 삶이 다름을 전제하고 구성됐으나, 현대 해석에서 그것을 보완하고 있다는 걸 참고하자.

비比는 사주에서 '나'와 같은 성질을 가진 기운을 뜻한다. 그래서 가족으로는 형제자매, 사회적으로는 내 옆에 있는 동료나 친구를 의미한다. 이 비는 상황에 따라 두 가지 모습으로 나타난다. 내가 약하고 주변에서 나를 누르는 기운이 많을 때는 든든하게 힘을 보태주는 지원군이 된다. 반대로 내가 이미 충분히 강할 때는 같은 걸 두고 나눠 가지려는 경쟁자가 되기도 한다. 그래서 동업자끼리 다투거나, 형제끼리 유산 문제로 갈등하는 일이 비와 관련이 깊다.

식食은 사주에서 내가 내어주는 에너지를 상징한다. 그래서 육친으로 연결하면 여자에게는 자식, 남자에게는 장모를 가리킨다. '생한다'는 말은 힘을 북돋아주고 살아 움직이게 한다는 뜻인데, 아이가 엄마에게 활력이 되는 건 당연한 이치다. 남자에게는 아내(재성)를 생해주는 존재가 장모이기 때문에 식이 장모로 해석된다. 또 한 단계 위로 확장하면, 남녀 모두에게 식은 할머니와도 연결된다.

식은 내가 내 힘을 써서 무언가를 만들어내는 것이다. 그래서 사회적으로는 밥벌이, 즉 내가 열심히 일해서 재물을 벌어들이는 원천이 된다. 일을 성실하게 하고 성과를 내는 힘, 혹은 내가 가진 재능을 드러내고 진로를 찾아가는 과정이 모두 식의 영역이다. 반대로 이 식의 기운이 약해지면, 하던 일을 그만두거나 앞길이 막힌 듯 답답해질 수 있다.

재財는 사주어서 내가 통제하고 관리하려는 대상을 의미한다. 그래서 육친으로는 아버지를 상징한다. 내가 아버지를 극한다고 하니 조금 의아할 수 있는데, 아버지의 입장에서 보면 이해가 된다. 자식이 태어나면 아버지는 자신이 하고 싶은 것을 내려놓고, 자식을 책임지고 부양해야 하는 존재다. 자식이라는 부담이 곧 아버지를 제약하는 힘이 되는 셈이다. 남자의 경우 재는 아내를 뜻한다. 아내 역시 남자에게 기쁨인 동시에 책임이자 제약이 된다. 여자의 경우는 시어머니와 연결되는데, 역시 쉽지 않은 관계라는 점에서 극의 성격이 드러난다. 사회를 기준으로 보면 재는 단순한 돈 이상의 개념이다. 돈은 단순히 소비재가 아니라, 건강과 생명을 지탱하는 근본이 된다. 그래서 재의 기운이 구너지면 재산을 잃는 것은 물론, 건강 문제나 가족 문제로까지 이어질 수 있다.

정리하자면, 재는 가족 관계에서는 아버지, 아내, 시어머니를 뜻하고, 사회적으로는 재물과 건강, 즉 삶을 유지하게 하는 근본적인 자원을 의미한다. 한마디로, 내가 잡고 관리해야 할 대상이자, 동시에 나를 제약하는 책임이라고 할 수 있다.

관官은 사주에서 나를 제어하고 통제하는 힘을 뜻한다. 그래서 전통적으로는 여자에겐 남편, 남자에겐 자식으로 해석되었다. 즉, 나를 자유롭게 두지 않고 일정한 책임과 규율을 요구하는 존재라는 의미다. 여자가 자식을 낳으면 남편을 움직이는 힘을 얻게 된다고 본 것도 이 관의 상호작용 때문이다.

오늘날은 남녀의 역할이 전통과 크게 달라졌으므로 그대로 적용하기보다는 현대적인 맥락에서 이해할 필요가 있다. 지금의 관은 사회적으로는 직장, 직업, 권력, 제도, 법규 같은 것들과 연결된다. 다시 말해 나를 규제하고 관리하는 모든 외부적 틀을 상징하는 것이다. 그래서 관의 기운이 원활하면 직장에서 인정받고 출세하거나, 사회 제도 속에서 안정된 자리를 얻을 가능성이 크다. 반대로 관이 약하거나 문제를 일으키면 직장 내 갈등, 권위와의 충돌, 혹은 책임과 규율에서 오는 압박으로 힘들어질 수 있다.

마지막으로 **인印**은 나를 북돋아주고 키워주는 힘을 뜻한다. 전통적으로는 어머니를 상징하는데, 세상에서 나를 가장 헌신적으로 지켜주고 키워주는 존재가 어머니이기 때문이다. 그래서 인이 튼튼하면 어떤 시련이 와도 다시 일어날 수 있는 힘, 누군가의 지지와 도움을 받을 수 있는 운이 따라온다고 본다. 반대로 인이 약하거나 없으면 외로이 스스로 버텨야 하는 경우가 많고, 삶의 든든한 버팀목이 부족하다고 해석한다.

현대적으로 보면 인은 꼭 어머니만을 뜻하지 않는다. 나를 도와주는 멘토, 스승 혹은 제도적인 지원과 같은 것도 포함된다. 학교나 학문, 자격증, 연구 성과 같은 배움의 결과도 인의 범주다. 예전에는 관리가 허리에 인장을 차고 다니며 권위를 보였듯, 지금의 인은 나를 증명해주는 학위, 자격증, 이력서 같은 '사회적 신분증'으로 이해할 수 있다. 따라서 인에 문제가 생긴다는 건, 명예를 잃거나 자격, 학력 문제로 어려움을 겪거나, 사회적 기반이 흔들리는 상황을 의미한다. 인이 강한 사람은 공부나 자기계발에 자연스럽게 끌리고, 배움을 통해 성장할 가능성이 크다. 인을 잘 활용하는 사람은 어려움 속에서도 다시 일어나고, 교훈을 얻어 더 큰 기회를 열 수 있다.

그러나 해석은 여기서 멈추지 않는다. 중요한 것은 이들이 서로 어떤 구도를 이루는가이다. 사주는 한 글자만으로 판단되는 것이 아니라, 여러 글자가 서로 생하고 극하며 만들어내는 관계망 속에서 구체적인 삶의 양상이 드러난다. 관성이나 인성이 조화롭게 작용하면 권력과 명예를 얻고, 식상이나 재성이 발달하면 사업에 나설 가능성이 높다. 비겁이 강하면 육체적 힘이나 활동성이 부각되고, 비겁과 상관이 관과 대립하는 구도가 되면 관재, 구설에 휘말리기 쉽다. 식상이 재성을 극하면 재물을 잃기 쉽고, 재성이 인성을 파괴하면 흔히 뉴스에 오르는 금수만도 못한 갑질 행태가 드러나기도 한다.

결국 육신은 삶의 영역을 상징하는 동시에, 그 상호작용을 통해 한 개인이 어떤 방식으로 세상과 부딪히고 살아가게 될지를 보여주는 거울이다. 그리고 이 거울은 선악을 가르는 도구가 아니라, 삶을 더 깊이 이해하기 위한 언어임을 잊지 말아야 한다.

마지막으로 명심해야 할 것은 육신이나 십성은 어디까지나 분류 기준일 뿐이라 사주 구조에 따라 변화한다는 점이다. 관이 없는 무관사주를 가진 여자는 남자가 없고, 재가 없는 사람은 무재사주라 돈이 없는 것이 절대 아니다. 사주 구조 전체에서 답을 찾아야 한다.

5. 오행과 육신의 확장판, 십성

육신을 다시 음양과 구체적 작용으로 나눈 것이 바로 십성이다. 십성도 일간을 기준으로 한다. 일간의 오행과 음양을 기준으로 해당 오행의 음양을 고려한 것이다. 편재, 편관, 편인 등에서 쓰이는 편偏은 음양이 치우쳤다는 뜻이다. 일간과 같은 음양일 때는 치우쳐서 편이라 한다. 일반적으로 같은 음양은 생에서는 힘의 소모나 생하는 정도가 다른 음양에 비해 약하고 극에서는 작용력이 강하다.

정리하면 다음과 같다. 일간과 같은 오행을 비겁이라고 하는데 비견은 일간과 같은 음양, 겁재는 다른 음양이다. 일간이 생하는 오행을 식상이라 하는데, 식신은 같은 음양, 상관은 다른 음양이다. 일간이 극하는 오행을 재성이라고 하는데, 편재는 같은 음양, 정재는 다른 음양이다. 일간을 극하는 오행을 관성이라고 하는데, 편관은 같은 음양, 정관은 다른 음양이다. 일간을 생하는 오행을 인성이라고 하는데 편인은 같은 음양, 정인은 다른 음양이다.

이렇게 비견, 겁재, 식신, 상관, 편재, 정재, 편관, 정관, 편인, 정인을 십성이라고 한다.

모든 십성은 저마다 장점과 단점이 있고, 어떻게 쓰이느냐에 따라 완전히 다른 결과를 만들어낸다. 결국 사주 해석에서 중요한 건 특정 십성이 있느냐 없느냐가 아니라, 그 십성이 사주 전체 속에서 어떤 위치에 놓이고 다른 글자들과 어떤 관계를 맺는가이다. 십성은 개별적으로는 불완전한 조각이다. 그것이 사주팔자라는 큰 그림 안에서 서로 어우러져야 비로소 의미가 살아난다.

비견比肩은 '어깨를 나란히 한다'라는 뜻이다. 전통적으로는 나와 같은 성질을 가진 존재, 즉 '내 편이자 동시에 나와 비슷한 사람'을 가리킨다. 현대적으로는 동료, 친구, 협력자, 어떤 경우에는 경쟁자로도 해석된다. 비견은 상황에 따라 전혀 다른 얼굴을 보여준다. 내가 약한 상태(신약身弱)면 든든한 지원군이 된다. 같은 방향을 보고 나란히 서 있는 사람들이 있어서 힘든 상황에도 버틸 수 있고, 의지가 강해져 혼자가 아니라는 안정감을 얻는다. 반대로 내가 이미 충분히 강한 상태(신강身強)라면 비견은 경쟁자가 된다. 나와 같은 자원을 차지하려는 사람이 나타나니, 때로는 갈등이나 다툼으로 이어질 수도 있다.

이런 것이다. 회사에서 내가 아직 경험이 부족할 때, 나와 비슷한 역할을 하는 동료가 있으면 서로 의지하며 함께 성장할 수 있다. 하지만 내가 이미 팀에서 영향력이 크다면 같은 자리를 두고 경쟁하는 라이벌이 되기도 한다. 형제자매 관계에서도 마찬가지다. 협력하면 든든한 지원군이지만, 유산 문제로 또는 부모의 관심을 두고 다투면 갈등의 원인이 되기도 한다. 결국 비견의 작용은 내가 어떤 상태에 있는가 그리고 그 관계를 어떻게 다루는가에 달려 있다.

겁재劫財는 재물을 빼앗는다는 뜻을 담고 있다. 다소 거칠고 공격적인 에너지로 경쟁심, 승부욕, 자존심으로 해석된다. 겁재는 비견과 비슷하게 나와 같은 성질의 기운이지만, 조금 더 직선적이고 강한 성향을 띤다. 비견이 함께 가는 동료 같은 에너지라면 겁재는 라이벌에 가깝다. 스스로를 지키고 남보다 앞서려는 의지가 강해서 때로는 재물이나 관계를 두고 다툼이 생기기도 한다.

현대 사회에서 겁재가 강한 사람은 경쟁을 통해 성장하는 타입이다. 스타트업 창업자, 영업 현장의 승부사, 스포츠 선수처럼 끊임없이 맞붙고 이기려는 상황에서 힘을 발휘한다. 자존심이 강하고, 쉽게 물러서지 않기 때문에 힘든 환경에서도 꿋꿋이 버틴다. 다만 이 경쟁심이 조화를 잃으면 돈 문제로 갈등이 생기거나 인간관계에서 불필요한 다툼이 잦아질 수 있다.

한편으로 재성(재물)이나 관성(직업, 권력)이 지나치게 강할 때는 겁재가 균형을 잡아준다. 예를 들어 돈만 좇다 삶이 불안정해질 수 있는 상황에서, 겁재는 자기 주장을 강화해 나를 지키는 역할을 한다. 결국 겁재라는 칼날은 잘 다루면 나를 보호하는 방패가 될 수도 있는 셈이다.

식신과 상관은 내가 세상과 소통하는 방식이다.

식신食神은 이름 그대로 먹을 식食, 귀신 신神으로, 먹는 즐거움과 삶을 이어가는 힘을 상징한다. 실제로 식신이 강한 사람들은 먹을 복이 있고, 의식주가 안정적이라는 말이 있다. 그저 잘 먹고 잘산다는 의미가 아니라, 끊임없이 무언가를 만들어내고, 성실하게 쌓아올려 안정적인 성과를 낸다는 뜻을 담고 있다. 식신은 내 힘을 차분하고 성실하게 쓰도록 도와주는 에너지로 안정적으로 재물과 성과를 불러온다.

상관傷官은 '관을 상하게 한다'라는 뜻으로 강하게 관을 제어한다. 관은 전통적으로 질서, 규칙을 뜻하고 여자에게는 남자를 의미한다. 자세한 설명은 90쪽을 참조하자.

재성은 내가 다루고 소유하는 것을 뜻한다. 전통적으로는 재물과 배우자를 상징하는 글자다. 재성이 튼튼하면 돈과 인연이 많고, 가정도 안정되는 경우가 많다. 또 재성이 관으로 이어지기 때문에 재성이 좋은 사람들 중에는 공직이나 권력과도 인연이 깊은 경우가 있다.

재성은 크게 두 가지로 나뉜다. **정재正財**는 월급, 저축, 꾸준히 쌓아가는 재산처럼 안정적이고 착실한 돈을 뜻한다. 반대로 **편재偏財**는 투자, 사업, 한 번에 크게 들어오는 돈 같은 성격이다. 그래서 편재가 강한 사람들은 돈을 크게 벌기도 하지만 씀씀이가 크고, 호방하게 베풀며 인기를 얻기 위해 돈을 쓰는 성향이 드러나기도 한다.

하지만 재성이 많다고 해서 무조건 좋은 건 아니다. 재물을 제대로 쓰려면 나 자신, 즉 일간의 힘이 뒷받침되어야 한다. 집에 금은보화가 가득해도 그것을 들고 나를 지켜줄 힘이 없다면 무용지물이다. 그래서 재성과 항상 짝이 되는 게 비겁이다. 비겁은 나를 도와주는 동료 같은 존재이니 재물을 다룰 힘을 보태준다. 재성이 아무리 많아도 나 자신이 약하면 그 돈을 지킬 수 없다는 이야기다. 반대로 비겁이 지나치게 강하면 재물을 깨뜨려 손실을 일으킬 수도 있다. 결국 재성과 비겁은 균형이 맞아야 비로소 돈과 관계가 내 삶 속에서 온전히 작동한다.

관성은 나를 제어하고 다스리는 힘으로 규칙, 규율, 권위 같은 에너지다. 그런데 이 관성도 두 가지로 나뉜다. **정관正官**은 음양이 달라 부드럽게 다스리고, 질서를 세우는 성향이다. 규칙을 정하고 사람을 안정적으로 이끄는 역할에 가깝다. 반면 **편관偏官**은 음양이 같아 힘으로 누르는 성향이 강하다. 억누르고 도전하는 힘, 때로는 거칠고 위험한 힘으로 작용한다. 그래서 전통적으로 편관을 칠살七殺이라고 불렀다. 이 칠살은 큰 압력이나 반대 세력, 강한 도전을 상징하는 의미로 쓰였다.

그래서 정관은 교과서대로 움직이는 모범생이다. 바르고 정당하지만 융통성이 부족해 답답하게 보일 수도 있다. 반면 편관(칠살)은 거칠지만 머리 좋고 자기 주장이 강한 반항아 같은 느낌이다. 반항적이지만 에너지가 크고, 잘 활용하면 큰 성취를 할 수 있다. 세상에서 모범생만 성공하는 것도 아니고, 반항아만 문제를 일으키는 것도 아니다. 어떤 성향이든 균형 있게 다스릴 때 힘을 발휘한다. 예를 들어, 편관이 강한 사람은 그 힘을 창의적 표현력이 나타나는 에너지인 식상으로 잘 통제하면 오히려 크게 성장할 수 있다. 특히 정치인이나 리더처럼 대중과 소통하며 자기 주장을 펼쳐야 하는 사람에게는 이런 구도가 큰 장점으로 작용한다. 반대로 정관이 강한 사람은 명예롭고 책임감 있지만, 지나치면 꼰대처럼 보이거나 융통성이 떨어질 수 있다.

또 하나 기억할 점은 관성은 나를 제약하는 힘이기에, 사주에서 관성이 여러 개 겹쳐 있거나 정관과 편관이 섞여 있으면 다양한 형태의 사회적, 심리적 압박이 동시에 작용해 자유로운 선택이나 행동이 제한된다. 하지만 이 역시 잘 다스리면 사회적 역할과 권위를 크게 키워주는 힘이 된다.

인성은 나에게 힘을 보태는 에너지다. 쉽게 말해 지식, 학문, 명예, 나를 지탱하는 배경을 뜻한다. 인성은 두 가지로 나뉘는데 편인과 정인 모두 나를 돕는 좋은 기운이지만, 작용하는 방식이 조금 다르다.

정인正印은 교과서 같은 지식, 정규 교육, 안정적인 배움과 같은 성향이다. 반면 **편인偏印**은 전문 분야나 독창적인 지식, 또는 남들이 잘 가지 않는 길을 파고드는 성향을 가진다. 그래서 편인이 강한 사람은 기존 틀을 따르지 않고 창의적이고 개성 있는 방식으로 배우고 성장한다.

　인성은 대체로 힘을 보태는 에너지이지만 편인이 지나치게 강하면 편인도식偏印倒食이라는 문제가 생긴다. 이는 편인이 식신을 억누르는 현상을 말한다. 머리로는 많이 아는데 실제로 실행하거나 성과로 이어지지 못하는 사람, 생각만 많고 실천이 부족한 사람들이 이 경우다. 물론 이것도 사주 전체의 맥락에 따라 다르다. 어떤 경우에는 오히려 편인이 강할 때 식신이 함께 있어 균형이 맞아 창의성과 실행력이 동시에 살아난다.

2부

명리학이 알려주는
삶의 지혜

탁월한 재능을 가진 사람도 흐름이 맞지 않으면 제 힘을 펼치기 어렵고, 평범한 사주라 해도 순풍을 만나면 놀라운 결실을 보기도 한다. 중요한 것은 어떤 팔자를 가졌느냐가 아니라, 어떤 흐름 위에 서 있느냐, 그리고 그 흐름을 어떻게 받아들이고 살아가느냐다. 그래서 자신의 삶의 목적과 흐름에 집중하는 것이 행복에 이르는 첫걸음이다.

여기서는 우리가 경험하는 사랑, 이별, 결혼, 가족, 관계, 실패, 결핍, 성취, 건강 등 다양한 삶의 장면들을 어떻게 해석하고 이해해야 하는지 명리학의 관점에서 이야기해본다. 나는 명리학을 연구하며 많은 위안과 위로를 얻었다. 내가 얻었던 위로를 모든 분들이 경험하길 바란다.

1
내가 선택한
내 삶의 목적

사주팔자에는 삶의 목적과 결핍이 새겨져 있다. 사람들은 부귀와 좋은 운, 나쁜 운에 관심을 가지지만, 사주에는 오히려 각 삶의 근본적인 방향과 절실히 느끼고 얻어야 하는 것이 각인된다.

이때 목적과 결핍을 제대로 설명하기 위해서는 전체 구조가 핵심이다. 오행의 개수, 즉 부족한 오행이 아니라 여덟 글자가 모여 어떤 이야기를 하는지가 중요하다. 퍼즐의 한 조각에 꽃의 그림이 있다고 그 퍼즐 전체의 그림이 무조건 꽃밭이라고 할 수 없다. 사주팔자의 해석은 글자 하나의 의미, 오행의 생극제화가 아니라 연주·월주·일주·시주 전체의 구조와 글자 간의 상호작용이 표현하는 삶을 읽는 것이다.

사주팔자와 대운, 세운에 있는 글자들은 그 사람이 겪게 되는 구체적인 사건이나 사고 등을 의미하는 것이 아니다. 자신이 가진 8개의 글자는 자신의 삶의 방식, 환경, 가치관, 의사결정 기준, 기호, 역량을 담고 있다. 만약 어떤 사람이 공부를 좋아하고, 사고하는 역량이 있다면 공부를 잘할 가능성이 높은 것이다. 사주팔자는 환경의 의미도 있는데, 특정 글자가 많다는 것은 그런 환경에 놓이게 된다는 뜻이다.

관이나 인이 좋게 작용하면 권력과 명예를 가지고, 자기 자신, 자존, 독립심, 경쟁력을 나타내는 비겁이 발달하면 체력이 좋고, 비겁·상관이 관과 대결하는 구도이면 관재구설, 즉 사회적 관계 속에서 발생하는 다툼, 손해, 법적 문제를 마주하기 쉽고, 식상이 재성을 깨면 돈을 잃게 되고, 재성이 인성을 파괴하면 뉴스에 나오는 '갑질'을 하게 된다. 이러한 명리 이론은 해당하는 글자들이 그런 환경과 생각을 만들어서 그런 현상이 도출되게끔 하는 것이다.

운명이 결정되는 메커니즘을 이해했다면 운명을 바꿀 수 있는지도 알 수 있다. 글자가 곧 환경이자 마음이니 환경과 마음을 바꿀 수만 있다면 운명이 바뀌고, 바꿀 수 없으면 정해진 운명이 되는 것이다. 답부터 말하자면 운명을 바꿀 수는 있다. 그런데 불가능에 가까울 정도로 쉽지 않다. 그래서 대다수의 사람은 자신에게 정해진 운명을 살게 된다. 운명을 바꿀 수 있는 사람은 아주 극소수이고 극단치이다. 통계적으로 의미가 없을 만큼 아주 미미한 수의 사람들만 자신의 운명을 바꾼다. 만일 많은 사람들이 자신의 운명을 스스로 개척하고 바꾸었다면 사실 통계학인 명리학도 존재하지 않았을 것이다. 운명을 바꾸려 하기 전에 왜 운명을 바꾸고 싶은가에 대해 생각해볼 필요가 있다. 진짜 나의 삶을 제대로 살기 위함인지 사회의 기준에 맞추기 위함인지 고민해봐야 한다.

　　우리는 100만여 개가 넘는 사주팔자를 통해 각자 선택한 목적대로 다르게 태어나고 다른 삶을 살며 다른 흔적을 남기고 죽는다. 명리학에서 말하는 삶은 뚜렷한 목적을 가지고 흘러가는 시간이다. 명리학을 알면 다름을 이해하고 나만의 목적을 향해 나아갈 수 있다.

　　사주팔자의 종류가 다양한 만큼 우리는 다양한 환경에서 태어난다. 자식복을 가진 사람, 가족이 오히려 남보다 못한 사람, 태어날 때부터 평생 다 쓸 수 없는 재복을 가진 사람, 사는 내내 가난과 끼니를 걱정해야 하는 사람, 우월한 신체를 가진 사람, 장애를 가진 사람, 사랑이 많은 사람, 배신을 당하는 사람, 권력이 있는 사람, 자유가 구속되는 사람, 학문과 명예가 있는 사람 등 실로 천차만별이다. 혹여 비슷한 환경에서 태어난다고 해도 개인의 역량에서 차이가 나고, 같은 역량이라도 환경이 다르니 구체적인 삶의 결과는 또 달라진다. 균등을 목표로 나아가야 하겠지만. 모두가 똑같은 크기와 무게의 성취를 누리는 세상이 도래하기는 쉽지 않다. 아니 없을 것이다. 인류 역사가 증명한다. 어차피 세상은 그렇게 돌아가게 되어 있다.

그러니 각자 스스로 자신의 다름을, 자기만의 고유함을 돌보고 가꾸며 살아야 한다. 인간은 다르게 태어나 철저히 다르게 산다. 그래야 다르게 태어난 목적이 극명하게 실현될 수 있기 때문이다. 성공할 사람은 성공하고, 실패할 사람은 실패하고, 이별과 배신을 맛봐야 하는 사람은 그래야 하고, 성공한 후 실패하거나, 실패한 후 성공할 사람 역시 그래야 한다. 자기가 선택한 삶의 목적대로 그렇게.

스스로 선택한 목적이라고 하면 또 하나의 의문을 갖게 된다. 내가 선택할 수 있다면 누구나 부자의 안락한 삶을 고르지 않을까 하는 것이다. 그러나 그렇지 않다. 세상 사람들에게 공짜 여행을 보내줄 테니 가고 싶은 곳을 직접 고르라고 하면 어떤 결과가 나올까. 취향이 겹치는 사람도 있겠지만 저마다 가고 싶은 곳이 다를 것이다. 누군가는 두바이 7성급 호텔을 고르고 또 누군가는 히말라야의 오지 마을을 고른다. 나는 삶의 목적도 그렇게 선택되었을 것이라고 가정한다.

태어나기 전에 삶의 목적을 스스로 선택한다는 가정은 다소 비논리적으로 들릴 수 있다. 그러나 여기서 중요한 것은 실제로 '선택'했는지의 문제가 아니다. 본질은 사람마다 다른 삶의 목적을 가지고 태어난다는 사실이다. 만약 모든 사람이 단 하나의 동일한 목적을 가지고 태어난다면 어떻게 될까. 모두가 같은 길을 가려 하고, 같은 사람을 좋아하며, 같은 공간에 모여 살려 한다면 그 자체가 혼란이며 지옥과 다르지 않을 것이다. 세상이 유지되는 이유는 각자가 서로 다른 목적과 방향을 품고 있어서다.

지금 육체적 고통, 경제적 고통, 관계로 인한 고통, 사랑과 배신으로 인한 고통에 휩싸여 절망하고 있다면 치열하게 그 목적을 달성 중이라고 생각하면 된다. 명리학의 효용은 자신이 다름을 인정하고 받아들이고 그것을 기반으로 자신의 삶을 영위하는 것이다. 지금 불행하고 고통스러워도 그것이 뜻하는 목적을 알고 자신의 목적이 달성되고 있음을 알면 스스로를 이해하게 되니 오히려 편안하다.

나는 경영 컨설턴트로 누구보다 합리적인 의사결정을 다루는 직업을 가지고 있었지만 지금까지 내 삶은 합리적인 의사결정의 산물이 아니라 어떤 '보이지 않는 손'이 이끄는 느낌이다. 아마 독자들도 비슷한 느낌을 가지고 있을 것이다. 자신이 지나온 발자취에 자신의 합리적인 선택이 그대로 적용된 경우는 드물다. 지금까지 만나왔던 학자들이나 소위 부귀를 성취한 사람들도 다르지 않았다. 아니, 사람은 지위고하, 남녀노소를 불문하고 합리성과는 거리가 아주 멀다. 만약 그런 삶을 살고 있다면, 실수 없이 합리적인 선택을 하는 것이 자신의 삶의 목적일 수 있다. 대신 합리와 반대되는 감정, 그러니까 공감, 직감이 완전히 결핍된 삶일 것이다.

안정된 직장을 버리고 컨설턴트가 된 이후 내 삶은 급격한 변화가 목적인 듯 흘러갔다. 3~4개월 단위로 끊임없이 다양한 기업과 조직을 경험했고, 지인 대부분이 말렸던 방송국 사외이사 활동으로 기존의 터전을 부숴버렸고, 돈을 벌 수 있는 기회를 스스로 걷어차면서 살았다. 그렇게 사주대로 남보다 많은 경험과 변화를 겪은 뒤 결국 아주 당연하다는 듯이 명리학에 빠졌다. 그전에는 돌아가신 모친이 사주를 봐주신 게 내가 아는 명리학의 전부였다. 그런데 마치 모든 과정과 여정이 명리학 공부를 위한 준비운동이었던 것처럼 흘러왔다.

많은 사람들이 '그때 그 사람을 만나지 않았다면' '그곳에 가지 않았다면' '그 일을 했더라면' '즐겁게 지냈더라면' '열심히 사랑했다면' '용기를 냈더라면' 같은 돌이킬 수 없는 생각을 하며 스스로 고통을 키운다. 불행의 단초는 어떻게 보면 이처럼 사소한 것들이다. 일상 속에 틈입한 아주 작은 후회와 번민이 일파

만파 커지는 것이다.

　나 또한 다르지 않았다. 명리학을 만나기 전에는 늘 생에 대한 불만이 있었다. 왜 이런 환경에서 태어났을까, 왜 그런 의사결정을 했을까, 왜 내가 원하는 방향으로 나아갈 듯 하다가도 나아가지 않는 걸까. 중간에 일이 풀리지 않아 주저앉을 때마다 '이것이 있었다면' '그것을 했다면' 등의 가정으로 스스로를 불행에 빠뜨렸다. 쓸데없는 가정은 나를 고통스럽게 만들었다. 그러나 나는 사주팔자대로 살아왔다. 무너지고 일어서고 주저앉고 또다시 일어서면서 내 삶의 목적대로 선택하고 결정하며 삶을 이어온 것이다.

　서로 다르게 태어나는 것이 목적이라고 생각하면 세상을 바라보는 시각이나 행복의 기준이 완전히 달라진다. 결국 삶의 목적은 사람 수만큼 다양하다. 우리는 저마다 자신의 목적을 달성하기 위해 달려간다. 공통된 목적이나 남의 목적이 아니라 오직 자신의 목적을 달성하는 중이다. 그러니 자책이나 괴로운 마음은 접어두고 그렇게 선택할 수밖에 없었던 스스로를 이해하자.

　아름다운 세렝게티 초원에 영양이 질주한다. 그 뒤를 사자가 쫓는다. 아마 그 영양은 곧 사자의 먹이가 될 것이다. 만약 영양이 사자와 동등하게 싸울 수 있는 무기를 가진 세상이 있다면 그곳에서는 사자의 목적도 영양의 목적도 달성할 수 없다. 다르게 태어난 단큼 철저히 다르게 살고 다른 목적을 실현해야 한다.

내 삶의 목적을 알고 나니 괜한 것에 연연하지 않게 된다. 사람 때문에 고단했던 나의 일상은 이제 사람 덕분에 풍요롭다. 내 목적을 제대로 쓰니 삶이 편안하다. 명리학에서 말하는 행복의 가장 중요한 상수는 '나'이다. 나를 잘 아는 것, 이것이 행복의 시작이다. 명리학은 미래를 예측해 불안을 부추기는 학문이 아니다. 오직 자신의 목적과 결핍을 알고 그 속에서 안심과 행복을 느끼는 것이 이 학문이 우리에게 주는 위로다.

결국 목적과 여정이 다른 남과의 비교를 통해 스스로 고통 속으로 집어넣거나, 자신을 기준으로 남을 평가하고, 비하하고, 함부로 이야기하는 오지랖과 미성숙함을 버리라는 뜻이다. 내가 그랬던 것처럼, 부디 명리학이 주는 이 선물을 받아 자신만의 목적과 결핍을 완성하기 바란다.

2

삶의 고통은
잊어야 한다는 마음으로

상담을 하다보면 대부분의 사람이 자신만의 고통을 시시포스의 바위처럼 품고 있다. 버릴 수도 없고 정상에 올려놓지도 못하고 평생 굴려야 하는 바위 말이다. 나 역시 그렇고 이 글을 읽는 대부분의 사람들도 마찬가지일 것이다. 바위처럼 커다란 짐은 자신의 환경일 수도 있고, 과거 특정한 시점의 실패나 사건일 수도 있다.

　우리는 일반적인 삶의 주기에서 이탈한 경우 아주 오랫동안 그 고통에 사로잡힌다. 이런 고통은 불현듯 찾아와 자신의 폐부를 찌른다. 행복한 순간에 "너는 행복하면 안 돼!"라고 소리친다. 기회를 얻어 용기내야 하는 순간에도 주저앉히고, 불행의 첩첩산중으로 자신을 내몬다. 결국 과거가 현재와 미래의 모든 것을 집어삼키게 된다.

사주팔자 중에는 태어날 때부터 정해진 고통이 평생 꿈쩍하지 않는 바위로 새겨진 경우도 있다. 자신의 의지와 상관없이 처음부터 겪게 되는 가정불화와 폭력, 가난, 장애, 결손된 환경 등이 그것이다. 이 사람들은 자신이 선택하지도, 영향을 미치지도 않은 일 때문에 평생 고통을 지고 산다. 그렇다고 이들이 행복하지 않다는 건 아니다. 사라지지 않는 고통의 무게를 감당해야 한다는 것일 뿐 행불행은 다른 이야기다. 그러나 어쨌든 감내해야 할 고통이 있다는 건 고단하다. 나는 태어난 순간 차별이 존재함을 설명할 수 없는 모든 종교나 철학은 허상이라고 생각한다. 많은 종교들이 원죄, 전생의 죄, 업을 이야기하며 그 고통을 개인의 책임으로 몰아버린다.

태어나는 순간 완전한 차별이 존재함에도 우리는 같은 잣대의 교육, 자격, 시험을 요구받는다. 차를 타고 있는 사람이나, 다리가 부러진 사람이나 모두 똑같이 100미터 경주를 한다. 타고난 것이 다르니 출발선이 당연히 달라야 하지만, 세상이 돌아가는 시스템이나 이치는 그렇지 않다. 처음부터 주어진 짐이나 고통은 그 사람의 한계로 작용하지만 그것을 인정하지 않는다.

타고난 고통 이외에 과거의 영광에서 벗어나지 못해 얻는 고통도 있다. 한때 행복했던 가정, 좋은 직장, 우수한 성적, 부유했던 집, 축적된 부, 명예에서 이탈한 경우다. 생각보다 정말 많은 분들이 여기에 매몰되어 있는데, 이 유형이 가장 허망하다. 보통 이것이 바위가 된 분들은 스스로 가슴에 주홍글씨를 새기고, 자신이 만든 감옥에 유배시킨다. 지나버린 영화로운 시간에서 삶 자체가 멈춰버려 현재와 미래를 없애는 것이다. 명리학적으로 보면 인성이 없으면 이런 경우가 많다. 실패 뒤 다시 일어서지 못하고 자신의 삶을 작파하기도 한다. 자존감이 낮아 자신이 아니라 자신이 가진 것이 더 중요한 분들은 이런 바위를 평생 굴리게 된다.

가장 마음이 아픈 고통은 삶에서 받은 충격으로 인한 것이다. 과거의 충격적인 특정 사건이나 경험에 시간을 멈추고 모든 문을 닫아버린 사람들이 있다. 가족이나 연인의 죽음, 학교나 직장 내 폭력, 범죄의 희생양이 된 사람들은 사람에 대한 신뢰가 무너지고 남은 인생 내내 고통받는다. 몸이나 정신에 흉터가 심할수록 그 고통은 가중된다. 세상은 점점 더 복잡해질 것이고 고통의 경험은 더 많아질 것이다.

사람마다 고통을 느끼는 정도는 차이가 난다. 그 역시 사주팔자 글자 내에 담겨 있다. 타고난 것이 있음을 부정하지 말아야 한다. 넘어져도 훌훌 털고 일어나는 사람이 있고, 한번 넘어지면 절대 일어나지 못하는 사람이 있다. 자신이 쉽게 잊을 수 있는 사람이라고 다른 사람도 그럴 수 있다고 생각하지 말라. 게으르거나 의지가 부족한 것이라고 규정할 수 없다.

우리를 지배하고 착취하는 이 고통을 어떻게 받아들이는 것이 좋을까. '각주구검刻舟求劍'이라는 사자성어가 있다. 강 위의 배에서 칼을 물에 빠뜨리고 그 위치를 배에다 표시한 뒤, 배가 흘러가도 배에 표시해둔 곳에서 칼을 찾았다는 데서 유래한 말이다. 원래는 판단력이 둔하고 융통성이 없거나 낡은 생각을 고집하는 어리석은 사람을 일컫는 말인데, 사주 상담을 하면서 자주 사용한다.

"삶의 고통은 각주구검하고, 자존감은 뼈에 새기세요. 그래야 행복해질 수 있습니다."

행복이나 삶의 가치는 특정 사건이나 환경 자체에 있는 것이 아니라 우리 마음이 그것을 어떻게 받아들이느냐에 달려 있다. 삶의 고통을 다시 꺼내서 곱씹고, 자책하고, 자신을 황폐하게 만들지 않기 위해서는 그것을 제대로 각인해서는 안 된다. 정확한 지점이 아니라 배에 새겨 흔적조차 찾을 수 없게 해야 한다.

그리고 자신의 마음과 영혼에 고통 대신 자존감을 새겨야 한다. 어떤 사람과 같이 있어도, 어떤 환경에서라도 행복해질 수 있기 위해서는 자존감이 핵심이다.

　주변 환경에 영향을 많이 받는 사람, 주변을 전혀 신경 쓰지 않고 오직 자신에 집중하는 사람 역시 정해져 있다. 예를 들면, 일간을 기준으로 일지에 비견이나 겁재를 둔 사람은 자존감이 높다. 이 자존감조차 사주팔자에 각인되어 있는 것이다. 자존감이 높은 사람은 주변 환경에 쉽게 휘둘리지 않고, 다른 사람과 비교하지 않는다. 남은 남이고, 자신은 자신이다. 남보다 자신의 마음이 중요하니 그렇지 않은 사람에 비해 마음이 안정적이고 행복할 가능성이 높다. 이런 사람들은 가장 친한 친구가 좋은 성적을 내도 샘을 내는 법이 없다. 오히려 그 친구는 좋은 성적을 얻을 만큼 노력했다고 인정하고 축하한다. 반면 자존감이 낮은 사람은 항상 남과 비교하며 스스로 힘들어한다.

　작은 일에도 다른 사람의 평판을 신경 쓰는 사람이 타고난 성정을 거스르며 고통에서 벗어나는 건 쉽지 않다. 그럼에도 불구하고 지금보다 행복해질 수 있다. 명리학 메커니즘을 보면, 사주에 든 글자가 작용하여 생기는 마음이 먼저이고, 그런 마음이 있으니 그런 구체적인 결과로 이어지는 것이다. 그러므로 다음의 세 가지를 명심하면 삶이 달라질 수 있다.

　첫째, 많은 경우 고통의 원인이나 결과는 자신의 잘못이라기보다 각자의 삶의 목적에 따라 벌어진 것이다. 그러니 자신을 실패자나 낙오자로 규정할 필요가 없다. 가난이나 가족의 죽음, 장애 등은 엄청난 고통을 수반하지만 그렇다고 그것이 내 자존 감을 떨어지게 할 이유는 없다. 그것이 생겨서 내가 겪었다면 그 고통은 이제 각주구검하면 된다. 내 잘못도 아니고, 내가 선택한 것도 아니니 곱씹고 자책하지 않게 흐르는 물에 던져버려야 한다.

둘째, 남이 나에게 관심이 없음을 꼭 알아야 한다. 이혼, 폭력, 명예나 부의 추락 등으로 실제 얻게 되는 고통보다 그것으로 스스로를 낙인찍고, 타인 역시 나를 그렇게 낙인찍을 것이라는 생각이 더 큰 고통을 불러오는 것이다. 하지만 자신을 제외한 그 누구도 그렇게 하지 않는다. 타인은 나에게 그만큼 관심도 없고 그럴 시간도 없다. 이 명제는 명확하다. 내가 느끼는 타인의 시선은 자신이 만든 허상이다. 배우자의 시선이라도 마찬가지다. 타인은 자신의 문제에 매몰되어 있을 뿐이다. 마치 백화점에서 제품을 잠깐만 들여다봐도 직원이 다가오는 것과 같다. 내가 특별히 만만해 보이거나, 무언가 결함이 있어서가 아니다. 그업의 구조가 고객에게 먼저 말을 거는 방식으로 되어 있을 뿐이다. 타인의 반응 역시 대부분 그 사람의 역할과 사정에서 비롯된 것이지, 나라는 개인을 깊이 들여다본 결과가 아니다.

셋째, 그럼에도 자신이 느끼는 고통은 자신으로 인한 것이다. 고통이 작다거나 그 원인이 자신에게 있다는 말이 아니다. 똑같이 가난한 가정에 태어나더라도 어떤 자식은 돈에 집착하게 되고, 어떤 자식은 가난한 사람에게 베풀고, 어떤 자식은 그 가난을 스스로에게 낙인찍고 불행하게 산다. 그 고통을 어떻게 해석하고, 자신의 삶에 활용할지는 자신의 마음에 달려 있다.

고통 속에서 과거와 남의 시선에 사로잡혀 자신의 행복을 말살하지 말고 현재와 미래 그리고 자신을 위해 살아야 한다. 주변의 시선이나 관심은 곧 시들해지기 마련이다. 끝까지 남아 있는 자신이 행복해야 한다. 그러니 온전히 자신만을 바라보고 결정하고 행복하면 된다. 그것이 자존감이다.

큰 강물은 흙탕물이건 맑은 물이건 무엇이 흘러들어도 그 본질이 변하지 않는다. 자신의 가치와 존귀함을 아는 사람에게는 어떤 고통과 고난이 다가와도 그것으로 훼손되거나 흠이 생길 수 없다. 우리 모두가 큰 강물임을 잊지 말자.

3
산소마스크는 반드시
내가 먼저

비행기를 타면 이런 안내방송이 나온다. "비상상황 시 산소마스크가 머리 위에서 자동으로 내려옵니다. 아이를 동반한 보호자께서는 본인이 먼저 산소마스크를 착용하신 후 아이의 착용을 도와주시기 바랍니다." 당연한 말이지만 실제로는 잘 지켜지지 않는다. 부모는 본능적으로 아이를 먼저 챙기기 때문이다. 그러나 부모가 먼저 숨을 고르지 못하면 아이 역시 위험해진다.

이 이야기를 꺼낸 이유는 어느 상황에서나 자신이 먼저라는 걸 말하고 싶어서다. 자식, 부모, 형제, 배우자, 친구, 누구보다도 세상에서 가장 중요한 존재는 오직 나 자신이다. 이 이치를 깨닫지 못하면 평생을 살아도 관계로부터 고통을 얻게 된다.

우리 사회는 오랜 세월 동안 개인보다 집단을 앞세워 달렸다. 600년이 넘는 단일 왕조의 역사와 유교적 질서 속에서 개인의 욕망은 늘 가정과 국가의 이름으로 억눌려왔다. 나보다 위에 있는 존재에게 헌신하고, 공동체를 위해 자신을 희생하는 것이 미덕이었다. 왕조가 무너진 뒤에도 상황은 달라지지 않았다. 일제강점기에는 나라 잃은 백성으로 개인보다 민족이 우선이었고, 해방 후에는 폐허 속에서 국가 재건이 급선무였다. 6·25전쟁 이후의 재건 역시 마찬가지였다. 개인의 행복보다 가족과 사회, 그리고 국가가 우선이었다.

부모는 먹을 것을 줄여 자식을 공부시켰고, 회사원은 가정을 뒤로한 채 야근으로 일터에 몸을 바쳤다. 이런 희생의 정서가 한 세대를 살리고 국가를 일으켜 세운 것은 분명하다. 하지만 그 대가로 개인의 삶은 늘 뒤로 밀렸다. 나를 위한 삶은 이기적인 것으로 여겼고, 타인을 위해 사는 것이 옳은 일이라고 교육받았다. 그 과정에서 우리는 자신이 누구인지, 무엇을 원하는지를 잊었다.

그렇게 쌓아올려 경제강국이 되었다지만 성공 뒤에 남은 것은 무엇인가. 우리는 더 부유해졌고 세계가 주목하는 나라가 되었으나 세계 최고 수준의 자살률과 우울증, 과로사로 신음하고 있다. 이러한 통계는 개인의 삶이 여전히 불안하다는 사실을 말해준다. 그러나 이제 희생이 미덕이던 시대는 끝났다. 더 이상 국가나 가족이 아닌 내 행복이 중심이 되어야 한다.

명리학적으로 보아도 '나의 존재'가 가장 중요하다. 사주는 언제나 '나', 즉 일간을 중심으로 세계를 해석한다. 나를 중심으로 부모, 배우자, 자식, 돈, 명예가 모두 파생된다. 일간이 약하면 어떤 좋은 글자도 제 힘을 내지 못한다. 부모가 아무리 훌륭해도, 배우자가 아무리 헌신해도, 나의 중심이 무너지면 모든 관계가 흔들린다. 산소마스크를 내가 먼저 써야 아이를 살릴 수 있듯, 나의 에너지가 회복되어야 사랑도 일도 지속된다.

내가 무너지면 그 어떤 것도 오래가지 못한다. 사랑을 오래 지속시키는 것은 맹목적인 헌신이 아니라 나의 매력과 에너지를 유지하는 일이다. 일을 잘하려면 회사에 충성하는 것이 아니라 나의 기질과 운의 흐름에 맞는 일을 선택해야 한다. 자식에게 희생하는 것이 아니라 스스로 행복하게 살아가는 부모의 모습을 보여주는 것이 자식을 잘 키우는 일이다.

지금 당신이 고통스럽다면, 자신을 희생하고 있기 때문이다. 스스로에게 물어보자. 나는 누구의 삶을 살고 있는가. 나의 삶을 살고 있는가, 아니면 누군가의 기대를 채워주기 위해 살고 있는가. 단 한 번뿐인 인생이다. 남을 위해 사는 것이 아니라, 나를 위해 살아야 한다. 그것이 진짜 좋은 팔자다.

4
버킷리스트는
지금 당장

2007년에 개봉한 영화 〈버킷리스트〉는 삶의 본질을 돌아보게 만든 영화였다. 버킷리스트란 죽기 전에 꼭 해보고 싶은 것들을 정리한 목록을 말하는데, 이 영화에서 잭 니컬슨과 모건 프리먼은 말기 암환자로 등장한다. 두 사람은 병실에서 우연히 만나, 죽음을 앞두고 자신들이 살아오며 미뤄두었던 일들을 하나씩 써내려간다. 흥미로운 점은 모건 프리먼은 죽음을 알게 된 후 버킷리스트를 작성한 것이 아니라 버킷리스트를 작성한 후에야 자신에게 남은 시간이 얼마 없다는 사실을 알게 된다는 것이다. 그는 절망 속에서 리스트를 버리고 체념하지만 잭 니컬슨이 그 종이를 쓰레기통에서 주워들고 친구에게 "지금 당장 해보자" 하고 제안한다. 그리고 두 사람은 짧지만 강렬한 여행을 시작한다. 그렇게 세계 곳곳을 누비며 돈으로도 살 수 없었던 인간의 따뜻함과 삶의 의미를 새롭게 깨닫는다.

당시 이 영화는 전 세계적으로 인기를 얻었다. 많은 사람들이 이 영화를 본 후 "나도 버킷리스트를 써야겠다" 하고 다짐했다. 나 역시 그때 나름의 리스트를 만들어보았다. 그러나 몇 년 후 그 목록을 어디에 두었는지조차 잊어버렸다. 아마 대부분의 사람들도 비슷할 것이다. 한때 죽기 전에 꼭 해보고 싶은 일들을 써내려가지만 시간이 지나면 그 다짐은 흔적도 없이 사라진다.

이상하게도 우리는 삶이 유한하다는 사실을 잘 알면서도 마치 영원히 살 것처럼 행동한다. 인간의 본성은 무엇일까. 왜 우리는 모든 것이 언제나 지속될 거라고 믿는 걸까. 부모도, 자식도, 사랑도, 관계도 모두 언젠가 사라지는데 말이다. 누군가의 죽음, 관계의 단절, 기회의 상실 같은 사건이 닥쳐와야 깨닫는다. 그제야 후회하고 미뤄왔던 일을 시작한다. 하지만 이미 늦은 경우가 많다.

사랑도 마찬가지다. 사랑은 처음부터 영원하지 않다. 감정은 움직이고 사람은 변한다. 그럼에도 우리는 사랑이 변하지 않아야 한다고 믿는다. 배우자가 자신을 더 이상 사랑하지 않으면 상대가 나쁜 사람이라 단정한다. 그러나 명리학적으로 보면, 변화와 단절은 자연의 이치이다. 음양과 오행이 끊임없이 순환하듯, 관계 또한 생하고 극하며 변한다. 사랑의 감정이 변하는 것은 배신이 아니라 이동이다.

삶의 모든 제도 역시 이런 인간의 불안을 기반으로 만들어졌다. 결혼 제도는 사랑이 식어도 함께 있어야 한다는 약속을 강요하고, 직장은 개인의 꿈보다 안정된 자리를 지키는 것을 미덕으로 삼는다. 그 결과 사람들은 유한한 시간을 무한한 것처럼 착각하며 살아간다. 지금 해야 할 일이나 지금 느껴야 할 감정, 지금 표현해야 할 사랑을 미룬다. '언젠가 여유가 생기면' '다음에 기회가 오면' 하면서 말이다. 그러나 삶에서 다음은 보장되지 않는다.

그렇다면 삶의 목표는 무엇인가. 돈을 벌고 명예를 얻고 사회적 지위를 쌓는 것이 정말 행복을 가져다줄까. 목표를 달성한 뒤 진짜 삶을 시작하겠다고 다짐하지만 막상 목표를 이루면 또 다른 목표를 만드는 것이 인간이다. 부자가 되면 더 부자가 되길 원하고 직장을 얻으면 더 높은 자리를 바라본다. 결국 인생은 끝없는 결핍의 순환에 갇힌다.

부귀와 행복은 별개의 개념이다. 어떤 사람은 부귀를 얻지만 행복하지 않고, 어떤 사람은 물질적으로는 부족하지만 충만하고 행복한 삶을 산다. 실제 상담에서도 사회적으로 부와 명예를 모두 거머쥔 사람들이 꽤 자주 행복하지 않다고 말한다. 더 벌어야 한다는 강박 속에서 불안이 커지고 가진 것을 잃을까 두려워 인생을 즐기지 못해서일 것이다. 반대로 가진 것이 거의 없어도 자신이 원하는 삶의 속도를 아는 사람은 평온하다.

삶을 숙제처럼 살아가는 사람은 늘 결핍을 느낀다. 해야 할 일을 마쳐야 한다는 의무감, 남보다 앞서야 한다는 조급함, 더 가져야 한다는 욕망이 지배한다. 그러나 해야 할 일을 다 끝내고 난 뒤에도 인생은 결코 완성되지 않는다. 인간의 욕망은 끝이 없고 완성의 순간은 오지 않는다. 진짜 행복은 언제 만날 수 있을까.

정신의학자 엘리자베스 퀴블러 로스와 데이비드 케슬러가 쓴 《인생 수업》은 이 질문에 답을 준다. 수많은 죽음을 지켜본 호스피스 의사들은 말했다. "죽음을 앞둔 사람들은 더 열심히 살지 못한 걸 후회하지 않는다. 다만 더 사랑하지 못한 것, 더 표현하지 못한 것, 더 떠나보지 못한 것을 후회한다." 그들이 마지막에 깨달은 건 단 하나였다. 지금 이 순간을 살라. 배우고, 웃고, 사랑하라. 그것이 인간이 태어난 이유이고, 존재의 목적이라는 것이다.

해야 할 일이 하고 싶은 일을 밀어내서는 안 된다. 사랑하는 사람이 있다면 지금 고백하고, 보고 싶은 곳이 있다면 지금

가야 한다. '나중에'라는 시간은 오지 않는다. 해야 할 일을 다 끝내고 나면 인생을 즐길 수 있을 것이라 믿는 건 착각이다. 그때는 이미 에너지가 다하고, 기회가 지나 있다. 삶의 우선순위는 늘 '지금 하고 싶은 것'이어야 한다.

어느 내담자가 버킷리스트를 작성하는 데 주저된다며 말했다. "노후 준비를 해야 하는데, 지금 여행을 떠나는 게 맞을까요?" 당시 그 내담자에게는 인印의 기운이 강하게 들어와 있었다. 인은 식상의 에너지를 파괴하는 가장 큰 힘으로, 생각에 잠겨 행동하지 못하게 한다. 지금 그런 상황이라면 이렇게 생각해봐야 한다. 살면서 예측한 것들이 모두 맞아 떨어졌나. 그게 가능한 일인가. 아니다. 도전과 시도를 막는 건 생각이었을 것이다. 여행 한번 갔다고 망가지는 재무 구조라면 여행을 다녀와서 망가지는 게 낫지 않을까.

지금까지 컨설팅을 하며 운 좋게 기업 총수부터 지위가 높은 정치계 인사까지 두루 만나봤다. 세속적으로 성공했다고 일컬어지는 수많은 사람을 만나고 난 뒤 깨달은 건 누구도 합리적이지 않다는 사실이었다. 내 상황에 정확하게 맞게 판단해 합리적인 의사결정을 내리는 사람이 없었다. 나 역시 마찬가지라는 건 너무나 당연한 일이다. 만약 그렇다면 모든 기업의 전략이 다 똑같을 것이다. 그러나 사람은 전부 다르고 합리적인 생각을 하지 않기 때문에 같은 제품을 만드는 기업이라도 저마다의 전략으로 시장을 공략하는 것이다. 신기술이나 새로운 치료제도 우연히 얻게 되는 경우가 많다. 세상은 비합리와 우연이 지배하기 마련이다. 그럼에도 사람들은 모든 것을 자신이 통제하고 예측할 수 있다고 생각하고 삶의 목표와 계획을 세운다. 안타까운 일이다.

삶은 유한하고, 결핍은 필연이다. 완벽을 추구할수록 불행해지고 흘러감을 받아들일수록 평온해진다. 삶은 단 한 번뿐이다. 해야 할 일을 다 마친 뒤에 행복해지는 삶이 아니라 하고 싶은 일을 하면서 의미를 찾자.

5

결핍은 피할 수 없는
삶의 그림자

명리학은 본질적으로 결핍을 관찰하고 이해하는 학문이다. 사주팔자의 여덟 글자는 그 사람의 기질과 삶의 방향, 그리고 필연적으로 겪을 수밖에 없는 부족함을 드러낸다. 이 결핍은 인생의 엄연한 한 부분이다. 어떻게 받아들이는가에 따라 인생의 질이 결정되는 삶의 중요한 부분이다.

명리학으로 사회적으로 성공하는 사람들을 일정 부분 예측할 수 있다. 여덟 글자의 에너지가 힘 있게 뽑힌 사람들은 흔히 대운과 세운이 맞아 떨어질 때 큰 성취를 이룬다. 하지만 이런 성공이 항상 행복이나 만족을 의미하지 않는다.

성공을 돈으로만 환산하는 건 어리석다. 세 사람이 각각

100원, 80원, 50원을 벌었을 때 50원을 번 사람이 제일 불행할까. 꼭 그렇지 않다. 자신이 번 50원에 집중하고 감사할 줄 아는 사람은 누구보다 행복할 수 있다. 자기 삶을 깊이 이해하면 성공과 실패에 매이지 않는 주체적인 삶이 가능해진다. 실패할 이유도 실패할 틈도 없는 셈이다.

누구에게나 공평하게 주어진 여덟 글자는 완전할 수 없다. 결핍은 당연한 것이다. 그것을 특정한 기준에 못 미쳤다고 여기면 스스로를 실패자로 낙인찍는 셈이다. 결핍을 인생의 귀중한 경험으로 받아들이면 그 사람은 이미 성공의 문턱에 서 있다.

명리학에서의 성공은 타고난 목적을 달성하는 삶이다. 좀더 부연하자면 이 목적 달성은 결핍을 경험하는 과정이다. 삶은 아프고 힘들고 고통스러운 것이 기본값이다. 예를 들어 사랑을 진하게 배우고 싶다는 목적을 가진 삶은 좋은 집에서 사랑을 담뿍 주는 부모 밑에 자라는 것이 아니다. 사랑받지 못하는 환경에서 태어나 사랑을 갈구하고 다양한 사랑을 경험한다. 풍요로운 식사가 아닌 부족한 식탁에서 음식의 소중함을 알게 되듯 결핍을 느끼고 그것이 보완되는 삶이 명리학에서 말하는 성공한 삶이다.

그런데 우리는 그 반대를 성공이라고 여긴다. 돈의 결핍 없이, 명예의 결핍 없이, 가족의 결핍 없이 모든 것이 꽉꽉 채워진 삶이 성공이라고 여긴다. 재미있는 건 아무리 세상의 기준에 맞춘 성공에 근접한 사주라고 해도 결핍이 있다는 사실이다. 누구나 22개의 글자 중 단 8개만 가졌을 뿐이니까.

실패나 좌절 없이 완벽한 루트를 따라 인생을 사는 사람은 거의 없다. 공부를 잘했지만 원하는 학교에 가지 못한 사람, 대학과 인연이 아예 닿지 않은 사람, 그럼에도 자수성가하고 일가를 이룬 사람, 좋은 직업을 가졌지만 결국 이탈하는 사람, 이혼하거나 재혼하는 사람들이 많이 있다. 저마다의 방법과 형태로 결핍을 받아들이고 극복하고 이해하면서 살아간다. 결핍이 있을지언정 다른 성취로 스스로를 대견하게 생각하는 사람도 있다.

상담을 오면 대부분 남들에 비해 결핍되어 있는 요소를 질문한다. 시험에 떨어졌던 사람들이 시험운을 묻고, 결혼을 하지 않은 사람들이 결혼운을 묻는다. 공부를 열심히 한다고 시험에 붙는 것도 아니다. 결혼은 굳이 하지 않아도 된다. 아이 없이 사는 삶도 있다. 결핍을 받아들여야 한다. 질투와 동경을 접어두고 목적 달성을 향해 가는 길에 필연적으로 가져야 하는 것이 결핍이라고 생각해야 한다. 모든 사주에 결핍이 있고 또 모든 사주에 성공이 있다.

사주팔자를 알고 나면 적어도 결핍에서 헤매는 일은 없다.

나를 알고 내 결핍을 이해하고 내가 가진 것을 바라보면 인생이 달라진다. 내 삶의 목적을 알고 나의 기준을 세워 나를 오롯이 인정하면 고통도 절망도 없다. 주어진 대로 잘 살고 있는 내가 보일 뿐이다.

6

성공도 실패도 삶의
과정일 뿐

나무를 키우는 사주는 생명력과 성장, 양육의 에너지를 지닌 구조다. 이런 사주를 가진 사람은 무언가를 키워내는 일에서 에너지를 얻는다. 사람을 모아 조직을 꾸리고, 아이디어를 길러 사업을 일구며, 식물이나 동물을 기르거나 지식을 축적해 내면을 확장하는 일에 관심이 많다.

나무를 키우는 사주라도 때를 잘 만나야 한다. 대운이나 세운에서 나무를 자르거나 해치는 기운이 들어오면, 그 시기에는 정성껏 키우던 것이 꺾이는 듯한 어려움을 겪는다. 성장의 흐름이 끊기고, 사회적 기준의 성공에서 멀어지는 순간을 맞이한다. 반면 운이 도와주는 시기에는 나무가 제철을 만나 꽃을 피우고 풍성한 열매를 맺으며 큰 성취를 이룬다. 같은 사주 안에도 성공과 실패가 함께 들어 있는 셈이다. 그러니 어떤 한 시점만을 보고 '성공했다' '실패했다' 단정 짓는 건 명리학의 시야로 보면 지극히 단편적이다.

명리학에서 말하는 성공과 실패는 고정된 상태가 아니다. 지금 이 시점에서 잘되고 있다 해서 그것이 영원한 성공일 수는 없고, 반대로 어떤 고비를 지나고 있다 해서 그것을 실패로 결론 지을 필요가 없다. 운이라는 흐름 속에서는 성공도 실패도 유기적으로 움직인다. 때로는 실패가 반드시 있어야 비로소 삶이 다음 단계로 나아간다.

실제로 사주를 해석하다보면 "원하는 방향으로 되기 어렵겠다"라는 말을 꺼낼 수밖에 없는 경우가 있다. 그러면 다들 크게 낙담한다. 우리는 무엇이든 의지와 노력으로 이뤄낼 수 있다고 교육받았기 때문에 그런 이야기를 들으면 종종 무리수를 두기도 한다. 개운을 하겠다며 근거도 없고 효과도 없는 것에 돈을 쓰거나, 아예 현실을 외면해버린다. 운의 흐름이 자신이 원하는 방향으로 움직이지 않을 때 해야 하는 건 그 흐름을 있는 그대로 받아들이는 일이다. 용기를 내야 한다.

자신의 우월성이나 선민의식을 가진 사람일수록 명리학에 대해 부정적인 인식을 가지고 있다. 자신이 잘난 것은 자신의 노력, 역량에 기인하는 것이지 운명이 아니라는 믿음이다. 성공하지 못한 사람은 게으르거나 도전하지 않거나 역량이 떨어진다고 생각한다. 이런 사람일수록 한번 나락에 떨어지면 결국 헤어나오지 못한다.

날씬한 몸매를 유지하며 비만인 사람을 게으르고 나약하다고 욕하는 사람도 마찬가지다. 인간 본성이나 사람에 대한 이해가 부족할 뿐 아니라 비만은 질병이라는 일반 상식도 없는 것이다. 태어나면서부터 날씬하고 살이 잘 찌지 않는 체질과 기질이 분명 있고, 운동을 해 살을 뺀 사람도 운에 그런 글자가 와서 운동을 하게 된 것이다. '위너'와 '루저'는 세상이 만든 개념이지, 우리의 삶은 그렇지 않다.

인생은 지나간 순간을 좇는 것이 아니라 긴 서사를 따라 끊임없이 앞으로 나아가는 과정이다. 그럼에도 우리는 종종 어느 순간을 인생의 종착지로 착각한다. 영화를 제대로 감상하려면 처음부터 끝까지 스토리를 따라가야 하듯, 인생 역시 전체 흐름을 봐야 한다. 중간 즈음 주인공이 고통받는 장면에서 화면을 끄면 그 고통만 남게 되지만, 끝까지 보면 고난을 넘어서는 성취와 변화가 보인다.

많은 내담자들이 자신의 삶 중 한 부분만 바라보고 그것이 전부라고 믿는다. 어느 날 갑자기 해고를 당해 찾아온 사람이 있었다. 그의 사주를 들여다보니 곧 사업을 시작할 운이었다. 실제로 현재 자신의 사업체를 꾸려나가고 있다. 그에게 해고는 실패였을까.

실패란 오히려 새로운 기회의 문을 여는 변곡점이며, 성공을 위한 잠시의 쉼표다. 불합격, 실직, 이별 같은 비움은 더 좋은 운이 들어올 공간을 만든다. 이미 누군가와 함께한다면 더 좋은 인연을 만날 수 없고, 현재 행복하다면 더 좋은 기회도 닫혀 있는 것이다. 불합격은 다시 도전할 수 있는 힘과 기회를 준다. 큰 성공을 위해선 때로 비워내는 용기가 필요하다. 과거를 기준으로 자신을 판단하지 말고 늘 미래를 향해 나아가야 한다.

실패를 실패라 규정하고 스스로를 나락으로 몰아넣는 순간이 가장 깊은 낙담의 순간이다. 물론 마음을 바꾸는 것이 말처럼 쉽지 않아서 아무리 용기 내려 해도 안 될 때가 있다. 그렇더라도 나락에 오래 머무르지 말자. 다시 일어나고 회복하는 데 집중해야 한다. 실패를 통해 무너질 수도 있지만 더 단단해질 수도 있다.

할리우드 영화 마블 시리즈의 히어로 토니 스타크가 납치와 부상을 겪지 않았다면, 영원히 방탕한 억만장자이자 무기상으로 살아갔을 것이다. 그의 인생이 방향을 튼 건 어둠 속 동굴에 갇혀 가슴에 파편이 박힌 후였다. 그 절망의 시기를 겪지 않았다면 그는 절대 아이언맨이 될 수 없었다. 닥터 스트레인지도 마찬가지다. 최고의 외과의사로서 오만한 성공을 구가하다 교통사고로 두 손의 감각을 잃으면서 그는 완전히 무너진다. 그 실패의 순간이 아니었다면 그는 결코 자신 안의 더 깊은 가능성을 발견하지 못했을 것이다. 영화 속 주인공뿐 아니라 역사 속 영웅이라 불리는 무수한 사람들, 금메달을 목에 건 스포츠 스타들을 비롯해 일상을 살아가는 주변의 모든 이가 똑같다. 인생의 전환점은 늘 실패처럼 보이는 순간에서 시작된다.

명리학은 그 전환의 순간을 '운의 변화'로 본다. 변화의 흐름은 누구에게나 온다. 그 흐름을 자각하고 받아들인다면 실패도 다음 단계로의 문으로 삼을 수 있다. 실패는 누구에게나 찾아온다. 도망치지 않고 왜 지금 이 실패가 내게 왔는지를 물을 수 있다면 이미 반은 지나온 셈이다. 그렇다면, 결국 명리학에서 말하는 실패는 없다. 실패란 원하는 것을 이루지 못했다거나 해야 할 일을 하지 못했다는 과거의 한 시점에 머무른 이야기일 뿐이다.

7
사주팔자 안에 담긴
가족의 의미

명리학에서 가족은 육친肉親으로 표현한다. 사전적으로 '조부모, 부모, 형제 등과 같이 혈족 관계가 있는 사람'을 의미하나 명리학에서는 피가 섞이지 않았어도 나와 가장 밀접한 관계에 놓인 배우자를 포함해 말한다. 자식이 나의 핏줄이니 결국 배우자도 운명으로 엮인 사람이다.

　이들은 나를 중심으로 각 방에 놓인다. 연과 월은 부모형제와 관련된 공간이고 '나'를 의미하는 태어난 날, 즉 일주의 지지에는 나와 가장 맞닿아 있는 배우자가 들어오는 공간이다. 제일 왼쪽에 있는 시주는 자식의 공간을 의미한다. 이 공간의 주인들은 내가 선택할 수 없는, 말 그대로 운명적인 관계이다. 이 운명의 붉은 실로 연결된 사람들이 육친이니 이들은 내 운명에 큰 영향을 미친다.

내 공간 안에 부모형제, 배우자와 자녀의 방이 각기 따로 존재하는 것이다. 어떤 방은 쾌적하고 아름답고 또 어떤 방은 비가 샐 만큼 낡고 허름하다. 이 방들은 내 집에 있는 공간이라도 해도 각각의 주인이 따로 있기 때문에 내가 어쩔 수 없다. 사주팔자에서 말하는 육친의 복은 나의 에너지와 각 공간의 에너지의 상호작용에 달렸다. 합인지 충인지 파인지에 따라 복이 있을 수도 없을 수도 있다.

합을 이룬 글자나 관계는 끊임없이 끌어당겨 서로 묶이게 되는 관계이다. 글자가 합이 들면 육친 관계에서는 보통 두 가지 현상이 발생한다.

첫째, 합하는 글자의 에너지 차이가 클 때는 약한 에너지는 소멸하거나 다치기 마련이다. 특히 합하는 글자가 가깝게 위치할수록 그 현상은 강하게 나타난다. 사주팔자에서는 연과 월의 합이 그렇다. 만약 연과 월에 부친과 모친을 뜻하는 글자가 육합六合(자축·인해·묘술·진유·사신·오미, 212쪽 참조)이 되어 있고, 두 글자의 에너지 차이가 크면 한쪽 부모와 일찍 단절하게 된다. 일찍 돌아가시거나 가정에서 이탈하게 되는 것이다.

둘째, 합으로 묶인 관계는 잘 헤어질 수 없다. 배우자와 묶여 잘 헤어지지 않으면 좋은 것이라 생각할 수 있지만 세상사는 그렇지 않다. 남편이 폭력을 행사하고, 도박에 빠져 재산을 탕진하고, 매번 바람을 피워도 육합으로 맺어진 관계는 헤어질 수 없다. 반대로 아내가 의부증이 있고, 도박벽이 있어도 육합이라면 헤어지지 못한다. 팔이 묶인 상태로 서로 상처를 주면서 살아가는 것이다. 이런 합은 충, 형, 파보다 못하다. 좀 섬뜩하지만 한쪽이 죽어야 끝나는 관계다. 그래서 합은 오히려 멀리 떨어져 있어야 건전하고 바른 것이 된다.

충은 일단 관계를 맺게 되나, 변화하고 자꾸 부딪힌다. 부딪힌다고 안 좋게 볼 일만은 아니다. 안정적인 관계는 아니지만 계속 새로운 것을 찾아내고 앞으로 나아가게 하는 긍정적인 면도 있다. 서로 좋지 않으면 헤어져 변화를 모색하게 한다. 좋더라도 사랑이 식으면 새로운 사랑을 찾아나선다. 관계의 안정성은 떨어지나 관계의 활력은 아주 높다. 서로 맞지 않는 관계라면 합보다 더 낫지 않을까.

합과 충은 함께 간다는 면에서 같지만 가는 방법이 다르다고 보면 된다. 합으로 만나는 에너지는 하나를 잃어버린다는 아쉬움이 있지만 결속력이 강해서 오래가고, 충으로 만나는 에너지는 뜻밖의 좋은 결과물을 내지만 결국 길게 가지 못한다. 파와 형은 두 에너지가 깨진 것이기 때문에 만나지 못하거나 만난다 하더라도 결국 헤어지게 된다.

　'모태 솔로'들이 짝을 찾는 연애 프로그램에 나온 어느 출연진이 한 말이 화제였다. 부모와 자식은 하늘이 정해주지만 배우자는 유일하게 내가 고를 수 있으니 신중해야 한다는 이야기였다. SNS에서 화자의 통찰에 긍정적인 반응이 쏟아졌는데 안타깝게도 그 말은 반만 맞다. 부모형제와 달리 배우자는 나의 의지로 선택할 수 있다고 생각되겠지만 그렇지 않다. 정해진 글자의 힘대로 배우자를 선택하도록 에너지가 흘러간다. 나의 의지가 작용하지만 그 의지를 움직이는 건 사주팔자 속 에너지의 흐름이다. 배우자복이 있는 사람은 그런 사람을 만날 수 있는 결정을 하고, 복이 없는 사람은 또 그렇지 못한 결정을 한다.

　일주의 기둥 중 '나'를 의미하는 천간과, 배우자의 공간을 의미하는 아래 지지의 글자가 합인가 충인가, 형과 파인가에 따라 상대가 달라진다. 내 집에 마련한 내 공간에 상대를 초대하는 것이다. 그 공간이 내 집과 어울리는 안정적인 공간이라면 소위 배우자복이 있다고 보는 것이고, 그 공간이 깨져 있다면 결혼을 하더라도 유지되기 힘들다.

　부모, 형제, 자식의 공간도 마찬가지다. 해당되는 공간이 나의 글자와 맞지 않는다면 부모가 이혼하거나 일찍 세상을 뜨거나 자식이 곁을 떠나게 된다. 세상의 기준으로 부모복, 자식복,

배우자복이 있다는 것은 내 글자의 에너지와 어떻게 관련되어 있는지를 보는 것이다.

육친의 관계라는 건 나를 뜻하는 글자가 나머지 글자들에게 역할을 주는 것으로 시작된다. 모든 것이 나로부터 출발한다. 이걸 기억하자. 사랑도 이별도 원망도 시작은 '나'다. 사실 살면서 남이 아닌 육친으로 인한 고통이 더 크다. 가족에게 받은 상처는 잘 아물지도 않는다. 애써 봉합해놓으면 또 터지고 만다. 나의 일상에 늘 존재하므로 상처가 지속되기 쉽다. 그럴 때마다 스스로를 비하하거나 상대를 원망하는 것에 에너지를 쏟지 말자. 아무런 의미 없는 일이다.

육친과의 문제로 찾아오는 내담자들에게 원인은 자신에게 있으니 해결 방법도 자신에게 있다고 이야기해준다. 여기서 해결 방법이란 내가 가진 글자의 에너지를 이해하고 관계의 상황을 받아들이는 것이다. 상대를 바꾸기 위해 지나친 노력을 하지 않고 기대하지 않는 것만으로 관계가 진일보한다.

모든 것이 내 탓이라는 말이 아니다. 내가 할 일은 잘잘못을 따지거나 운명을 탓하며 절망하는 것이 아니라 내 삶의 목적을 알고 그것에 집중하는 것이다.

8
부모복과 형제복은
운명공동체

배우자와 마찬가지로 아버지, 어머니, 형제자매와의 관계도 자신의 사주팔자에 들어 있다. 자신의 부모복, 형제복을 읽는 기본적인 원리는 월주와 일주의 관계를 보는 것이다. 특히 월지와 일지의 관계가 그 복을 읽는 핵심이다. 월지와 일지가 같은 글자이거나, 형이나 충, 파, 해로 사이가 틀어져 있으면 기본적으로 그 복이 크지는 않다. 물론 이 또한 사주 전체를 구조를 읽어야 자세히 알 수 있다.

부모복과 형제복을 같이 보는 것이 특이하다고 생각될 것이다. 그만큼 월지는 자신이 태어난 환경으로 그 모든 복을 담고 있다. 연과 월의 부친과 모친을 뜻하는 글자가 서로 깨져 있는 경우 부모님의 해로가 쉽지 않고, 특정 글자가 약한 가운데 형·충·파·해로 상하면 자신의 운명에서 이탈할 수 있다. 사주팔자에 각인되어 있는 이 복은 상호작용하는 대운과 세운의 에너지를 만나야 비로소 현실로 나타난다. 결국 사주 구조가 그 복이 발현되는 시기를 암시하고 있는 것이다.

부모복, 형제복의 핵심은 같은 운명공동체라는 것이다. 부모가 자식복이 있는데 자식은 부모복이 없거나, 나는 형제복이 없는데 형제는 형제복이 있는 것이 아니다. 서로 그 복이 같은 지점에 만나 부모, 형제가 되는 것이다. 부모복, 형제복은 이것을 잘 이해해야 한다.

사주팔자에는 목적과 결핍이 각인되어 있는데, 당연히 부모복, 형제복도 포함된다. 사주팔자를 안다는 건 복을 만들고 불안을 심는 게 아니다. 이해와 화해를 통해 안심과 행복을 얻는 일이다. 왜 나를 낳아 이렇게 힘들게 하느냐고 원망하지 않게 된다. 이미 정해져 있다는 것, 의지로 어쩔 수 없다는 것을 알면 괜한 에너지를 쓰지 않는다.

그럼에도 부모복, 형제복은 그리 간단하지 않다. 부모가 많이 가졌다고 좋은 것도, 부족하다고 나쁜 것도 아니다. 부잣집에 태어나 부모가 모두 살아 계시더라도 그 속에 무서운 함정이 새겨진 경우가 많다. 세속적인 부가 많을수록 그 함정은 깊은데 부모 자식 간의 다툼, 형제자매 간의 알력, 이복형제의 개입 등 쉽지 않은 문제들이 존재한다. 그러니 단순히 부가 많다고 모든 복이 다 있는 것이 아니다.

부모의 가난, 무능, 질병, 부재, 이혼, 재혼 등 무엇 하나도 내가 바꿀 수 있는 것이 없다. 태어나는 순간 선택되어 바꾸지 못한다. 부모의 가난을 나에게 대물림했다고 반항하고 억울해해 봐야 달라지지 않는다. 부모들 역시 그런 생의 우여곡절이 반갑지 않을 것이다. 그들의 의지로 어떻게 할 수 없는 일이다. 그걸 이해하면 육친 사이의 괜한 적개심이 사라지고 스스로도 마음의 평화를 얻을 수 있다.

부모복의 핵심은 '화해'다. 부모와 나는 그들이 선택한 것도 내가 선택한 것도 아닌 운명으로 엮인 공동체다. 어쨌든 부모가 합을 이뤘기에 내가 세상에 나올 수 있었다. 좋은 합도 있지만 나쁜 합이었을 수도 있다. 어떤 합이든 내 운명에 맞는 환경으로 내가 태어났다.

엄마 아빠가 나를 버렸다고 생각하며 평생을 원망 속에 살겠는가, 혹은 부모와 나는 기질과 운의 흐름이 달라 어쩔 수 없이 멀어질 수밖에 없는 관계였다고 이해하며 살겠는가. 부모의 사랑, 부모의 관계, 부모가 주는 환경과는 별개로, 내 삶 속에서 부모가 맡은 역할을 있는 그대로 이해하고 받아들이면 비로소 마음의 매듭이 풀리기 시작한다.

　이것이 '부모복이 생긴다'라는 뜻은 아니다. 부모복의 유무가 아니라, 부모에게 매여 있던 감정의 매듭을 풀어냄으로써 내 삶의 에너지와 방향이 회복된다는 의미다. 부모를 바꾸는 것이 아니라, 부모에게 기대고 원망하는 방식을 내려놓는 순간, 내 삶에 쓰일 힘이 내 안에서 다시 생겨난다.

　결국 '부모복'이라 불리는 것도 부모가 나에게 무엇을 해주느냐가 아니라, 부모와의 관계를 어떻게 이해하고 소화하느냐에서 비롯되는, 내가 만들어가는 내 삶의 힘이라는 뜻이다.

　명리를 안다고 해서 팔자를 좋게 만들 수는 없지만 행복해질 수는 있다. 상황을 바꾸지 못해도 상태를 낫게 만들 수 있다는 말이다. 명리는 현상을 받아들일지에 대한 지혜를 주는 것이지 현상을 바꾸는 방법을 알려주지 않는다. 부모복이 조금 부족하더라도 지혜롭게 행복한 사람은 복 받은 사람이다.

9

자식복은 희생이 아니라
이해

명리학적으로 여자에게 자식은 식신이나 상관이다. 식신이나 상관은 일간이 생하는 에너지로 자신의 모든 에너지를 쏟아부어 키우는 존재다. 여자들이 임신을 하면 칼슘이 부족해져 자신의 이나 뼈가 상하는 것 등이 이런 현상을 설명한다. 어디 그뿐인가. 수유기, 유아기를 거치고 유치원, 학교를 다니는 전 과정이 모친의 육체와 정신을 갈아넣는 과정이다.

　명리학 용어에 득자부별得子夫別이란 말이 있다. 자식을 얻으면 남편과의 사이가 멀어진다는 뜻이다. 자식이 남편인 양 모든 사랑을 자식에게만 쏟아부으니 남편과는 거리가 멀어지는 것이다. 오직 자식을 향한 사랑만 존재하니 남편은 밖으로 돌

수밖에 없다. 이런 경우 자식을 낳아 육체, 청춘과 더불어 사랑도 잃게 된다.

반대로 남자는 자식이 관성의 에너지, 즉 일간을 통제하는 에너지다. 남자는 자식을 얻으면 먹여살려야 하니 다른 여자를 만날 여유가 없다. 명리학 이론을 보면 자식이라는 존재 자체는 기본적으로 나에게 호의적이거나 효도를 하는 존재가 아니다. 내 살을 주고 키우거나, 내 모든 것을 바쳐 돈을 벌어 키우는 존재다. 그래서 자식이 부모를 힘들게 하는 것은 지극히 당연하다. 애초에 '자식복'이라는 것과 어울리지 않는 관계이다.

그럼에도 우리는 사랑이라는 미명하에 내 모든 것을 주고 키워야 하는 자식이란 존재를 통제, 관리하게 된다. 명문대에 입학해 좋은 직장을 얻고, 좋은 인연을 만나 가족을 이루고, 자녀를 낳아 대를 잇는 자식으로 만들기 위해 노력한다. 이것은 자연의 이치에 반하는 행동이다. 제대로 키우기 위한 훈육, 지도, 인도 등을 뭐라 하는 것이 아니라 그 도를 넘어서는 것이 문제다.

얼마 전 방송에 재조명되었던 '전교 1등의 모친 살해'는 도를 넘어선 식신이나 상관의 에너지가 잘 표현되어 있다. 부모의 불화, 성적을 위한 모친의 가혹한 학대, 이를 견디지 못한 아들의 모친 살해는 모두 자연의 법칙을 벗어난 것이다.

화제가 되었던 드라마 〈스카이캐슬〉의 이야기도 비슷하다.

유명 의대 교수의 아들이 부모의 강압적인 교육으로 부모가 원하는 의대에 합격한 후, 합격증으로 부모를 기쁘게 하는 것까지만 자식의 의무라고 말하고 대학에 입학하지 않았다. 그 학생은 부모와의 관계가 회복되지 않자 결국 자살한다. 이 이야기가 드라마 속 허구이기만 할까. 아마 실제 이런 일이 없지 않을 것이다. 이 역시 자식을 위한다는 명분을 내세울 뿐 자신을 위한, 자연의 에너지에 어긋난 행동이고 결말이다.

돌아가신 어머니가 늘 하시는 말씀이 있었다. "열 손가락 깨물어서 아픈 손가락은 따로 있더라." "잘난 자식은 남의 아들이 되고, 못난 자식은 내 옆을 지키더라." 어머니 말씀대로 잘난 자식은 원래 부모를 힘들게 하는 법이다. 키우는 데 돈도 많이 들고, 결국 멀리 대처에 나가 같이 지낼 수 없다. 속을 좀 썩이고 공부 덜 한 자식은 내 옆에서 관계를 놓지 않는다. 어느 쪽이 효자일까. 진짜 복은 대단한 성취를 얻은 자식이 아니라 가까이에서 좋은 추억을 많이 쌓는 자식을 둔 것일지도 모른다.

그럼에도 수많은 부모가 내 자식의 성공을 위해 고군분투한다. 자녀의 성취가 자신의 복이 될 거라는 믿음으로 의심 없이 한 방향을 향해 나아간다. 그러나 우리는 태어나는 순간 많은 것이 정해진다. 꼭 사주팔자의 설계가 아니라고 해도 어느 나라, 어느 동네, 어느 집에 사는 누구의 형, 언니, 동생으로 이미 정해져 있다.

삶은 자기 의지만으로 움직이지 않는다. 내 삶도 그러한데 하물며 자식은 더하다. 내가 그랬듯 자식도 자신의 운명대로 자란다. 그 아이의 운명을 내가 조정해서 바꿔줄 수 없다. 아이가 명문대를 가는 게 나의 노력만으로 되지 않는다는 이야기다. 명문대를 간 아이 중에 엄마의 노력이 통한 아이도 있을 것이다. 그 또한 그 아이의 운에 들어 있는 것이다. 그러니 자식을 키우며 우쭐할 일도 자책할 필요도 없다. 자식의 삶에서 부모가 할 수 있는 역할이나 정도는 이미 부모의 사주에도 자식의 사주에도 각인되어 있다. 말하지 않았는가. 가족은 운명공동체다. 같은 운명끼리 만나는 것이다.

부모의 희생은 때로 아름답다. 그러나 동시에 많은 왜곡과 고통을 낳는다. 부모가 자식의 삶을 포기하고 자식에게 모든 것을 걸면 자식은 감사한 마음만큼의 부담을 느끼고 때로는 죄책감도 느낀다. 자식을 위한 헌신이 어느새 자식의 삶을 옥죄는 굴레가 된다. 자식은 자신의 인생을 살기보다 부모의 기대와 희생에 부응해야 한다는 압박감 속에서 살아가기 십상이다.

우리는 왜 이런 구조 속에서 벗어나지 못할까. 희생을 통해 관계를 유지해야 한다는 사회적 강박을 이제 벗을 때도 되지 않았나. 우리나라는 전 세계에서 자식을 통제하고 교육시키는 열

풍이 엄청난 국가다. 좋은 부모, 좋은 자식, 좋은 구성원이 되기 위해 우리는 자꾸만 스스로를 지우고 타인을 우선시한다. 이것은 관계를 대하는 올바른 자세가 아니다. 자식에 대한 희생이 부모가 할 수 있는 최고의 사랑처럼 여겨지지만 실제로는 희생을 가장한 부모의 욕망일 가능성이 아주 크다.

자식에 대한 진정한 사랑은 희생이 아니라 건강한 나로부터 시작된다. 명리학적으로도 이것은 명확하다. 여자에게는 자신의 에너지를 내어주고 키우는 식신과 상관이 자식인데, 에너지를 제대로 주기 위해서는 일간이 강해야 한다. 식신이나 상관이 강한 사람은 기운이 밖으로 많이 빠져나가서, 일간이 약할 때는 능력이 제대로 발휘되지 않는다. 하지만 일간이 강해지는 운이 오면 그 에너지를 감당할 힘이 생겨 성과가 잘 난다.

남자 역시 마찬가지다. 자신을 통제하는 관이 자식인데, 이것 역시 자신의 사주가 강해 관을 통제할 수 있어야 비로소 관운이 생긴다. 자신이 약하고 관이 자신을 통제하면 관재구설이 생길 수밖에 없다. 명리만 그럴까. 우리 삶도 마찬가지다. 자신을 챙기고, 자신의 욕구와 감정을 인정하며 살아갈 때 더 성숙한 방식으로 타인을 도울 수 있다.

부모가 자신의 자존감과 행복을 유지하는 건 정말 중요하다. 그래야 자식이 자유롭게 성장하고 스스로의 삶을 살아갈 수 있는 힘을 얻는다. 부모가 불행을 짊어지고 희생의 삶을 살면서 자식에게는 행복하라고 말하는 것은 모순이다. 아이는 부모가 말하는 대로가 아니라, 부모가 살아가는 모습을 따라 배운다. 진짜 자식을 위하는 길은 부모가 자신의 삶을 사랑하며 사는 것이다. 자식의 성공을 바란다면 먼저 자신이 성공하고 행복할 일이다. 부나 명예, 지위로서의 성공이 아니라 한 인간으로 자신의 삶을 사랑하며 사는 성공적인 인생을 일궈나가야 한다.

사랑도 많고 자신의 삶을 즐기며 사는 사람이 있다. 그런 사람이 꼭 부유하거나 지위가 높거나 특별한 능력을 가진 것도 아니다. 그저 자신에게 집중하고, 자신의 욕구를 정직하게 마주하며 살아가는 사람이다. 당신은 어떤 사람이 되고 싶은가. 자식을 어떤 사람으로 키우고 싶은가.

자신의 묘비명에 '가족을 위해 모든 것을 희생한 사람'이라고 새기고 싶다면 그렇게 해도 된다. 하지만 이왕이면 '자신의 삶을 충만하게 살다 간 사람'이라는 묘비명을 권하고 싶다. 믿어보시라. 자신을 사랑한다고 자식이 무너지지 않는다. 이미 자식을 위한 삶은 설계되어 있다.

10

교육은 단점 보완이 아니라
장점 집중

입시철이 되면 입시 상담이 많아진다. 학교는 어느 방향이 좋을지, 어느 과가 더 맞을지 알고 싶어한다. 우리 사회에서 대학 입학이 가지는 의미를 알지만 방향을 보고 대학을 고르거나, 대학 입학을 준비하면서 자신의 진로도 모른다는 것이 현실이다. 얼마나 불안하고 간절한 마음일지 모르지 않지만 솔직히 말하면 어디든 아이의 운대로 가게 되어 있다.

명리에서는 식·재·관·인이 모두 학업운을 의미한다. 식상이 발달되어 있거나 식상이 재를 만날 때 학업운이 있다. 혹은 관을 얻거나 인을 얻는 것은 자리나 명예를 얻기 때문에 입시에 성공한다는 뜻이다. 그런데, 인을 뜻하는 글자가 형·충·파·해로 깨지거나, 식상이 깨지게 되면 입시운이 열리지 않는다. 아무리 똑똑해도 자신의 실력대로 가지 못하게 되는 것이다.

명리학적으로 성공하는 사람들은 오행이 골고루 있거나, 균형 잡힌 사주팔자를 가진 것이 아니다. 오히려 에너지의 쏠림, 힘의 불균형으로 그 뜻이 명확한 사주라고 지금까지 말해왔다. 사주팔자만 그런 것이 아니다. 삶의 성공 법칙 역시 마찬가지다. 성공한 사람들은 끊임없이 잘하는 것, 좋아하는 것을 선택하고 이에 집중한다. 못하는 것에 시간과 돈을 투자하지 않는다. 못하는 것은 나보다 잘하는 사람에게 맡기면 된다. 못하는 것에 노력하는 에너지로 잘하는 것을 더 갈고닦아 남보다 월등하게 잘하게 만드는 것이다.

성공한 사람, 성공한 물건, 성공한 장소는 모두 남과 다른 특색이 뛰어난 특징을 가지고 있다. 마트에 진열된 과일을 고를 때 도드라지게 예쁜 빛깔의 잘 익은 걸 집게 된다. 특색 없고, 모든 조건이 평균적인 휴가 장소는 인기가 없다. 사람을 채용하더라도 남다른 사람을 찾는다. 식당을 가더라도 맛이 뛰어나면 인테리어, 서비스 같은 것을 생각하지 않는다. 욕을 먹어도 맛이 있으면 욕쟁이 할머니가 던져주는 국밥을 먹게 된다. 욕마저 경쟁력이 된다.

설사 노력해서 부족한 것을 채운다고 해도, 그 시간에 잘하는 것을 더 노력하면 더 큰 성공을 이루지 않겠는가. 단순히 부족한 것을 채우는 것이 아니라 제한된 자원을 효율적으로 쓰는 더 효과적인 방법이 무엇일까. 잘하는 것을 더 잘하려고 노력한 사람과 못하는 것을 남만큼 할 수 있게 노력하는 사람 중 누가 더 성공 가능성이 높을까.

성공한 사람이 극소수인 것처럼 대부분의 사람들은 오히려 균형, 균등, 평균에 집착하는 삶을 살고 있다. 스스로 실패의 길을 걷는다. 영어를 못하는데 아무리 학원을 다녀도 늘지가 않아 걱정이에요. 우리 애가 수학을 못해서 어쩌면 좋아요. 제가 해외 경험이 없는데 취직이 가능할까요. 창업을 하고 싶은데 자본이 부족해서 할 수가 없어요. 나는 이런 질문과 하소연을 많이 듣는다. 청년들이 와서 자신의 부족함을 메우기 위해 돈과 시간을 투자한다는 소리를 들으면 정말 답답하다. 직장인이 자신의 부족한 시간을 쪼개 부족한 영어학원을 다니는 것을 보면 안타깝다. 왜 자신이 남보다 강한 것에 집중하지 않을까. 왜 귀신같이 못하는 것을 찾아내서 고군분투할까.

부모들이 자식이 못하는 것을 채우기 위해 노력하는 모습을 보면 더 답답하다. 자신이 못해서 원한을 가진 분야, 자식이 부족한 분야에 집중한다. 효과도 없고, 효율도 없는 방법일뿐더러 설사 부족한 것이 평균 수준이 되더라도 결국 자신과 똑같은 삶을 살아갈 뿐인데도 말이다. 안 그래도 부족한 돈을 왜 그런 데 쓰고 있는지 알다가도 모를 일이다.

　모든 것을 잘해야 한다고 생각하는 사람들은 노력하면 할 수 있다고 믿는 사람들이다. 열심, 성실, 노력, 이런 단어에만 꽂혀 있어서는 안 된다. 성공한 사람들은 제일 성실한 사람들이 아니다.

　성공한 사람들은 아이에게 공부만 시키지 않는다. 미술, 음악, 체육 등 여러 경험을 시켜보고 그중 아이가 가장 자연스럽게 잘하는 것을 찾아 성공 스토리를 만들어 대학에 지원한다. 여러 선택지를 시도해 볼 수 있는 여유가 있기 때문이기도 할 것이다.

　반면 자원이 한정되고 성공 경험이 없는 부모들의 경우 상당수는 아이에게 공부를 중심으로 투자하게 된다. 그것도 부족하고 못하는 과목에 집중한다. 그것이 가장 현실적인 선택이라고 믿는다. 아이의 가능성을 넓게 바라보지 못하니 불안에 휘둘려 초조해지고. 그 초조함이 때때로 '공부만이 답'이라는 방식으로 굳어지는 것이다.

　이제는 벗어나야 한다. 자신이든 자녀든 교육의 핵심은 잘하는 것을 찾아 집중하는 것이다. 못하고 자신 없는 것은 과감히 버리고, 잘하는 사람의 서비스를 받으면 된다. 못하는 것은 아무리 노력해도 하향평준화됨을 잊지 마시라.

11

내게 찾아온 인연이면
잘 맞는 궁합

궁합의 한자는 집 궁宮에 합할 합合이다. 궁궐할 때의 궁이 바로 이 글자다. 그러니까 집안의 합이다. 사전적으로 궁합은 "혼인할 남녀의 생년월일시를 오행에 맞추어보아 부부로서의 길흉을 예측하는 점"이라고 나와 있다. 궁궐이 존재하던 옛 시대에는 이 궁합이 통했을지도 모르겠다. 하지만 현대 명리학에서 궁합은 큰 의미가 없다.

궁합을 보기 전에 명리학에서 이야기하는 결혼과 궁합에 대해 알아둘 필요가 있다. 명리학에서는 결혼과 동거를 쉽게 구분하지는 못한다. 과거에는 동거한다는 것이 곧 결혼을 의미했다. 폐쇄적인 사회 구조에서는 두 사람이 살을 섞고, 같이 밥을 먹는 것은 결혼이었다. 모든 시대에 성매매와 불륜은 존재했지만 장기적인 혼외 관계는 쉽지 않았다. 현대 사회에서는 꼭 결혼을 하지 않더라도 다양한 형태로 혼인생활과 다르지 않은 관계를 이어갈 수 있다.

현 시대에 맞춰 해석되는 명리학에서 결혼은 자신의 삶에 크게 자리 잡은 상대방을 의미한다. 때문에 장기간의 동거 역시 결혼과 다르지 않게 본다. 법적인 이혼이 아니더라도 동거를 하다가 헤어져 서로 운의 흐름이 달라졌으면 이혼한 것으로 보기도 한다.

결혼운은 그 상대방을 뜻하는 글자와 배우자의 자리, 즉 배우자궁의 상태와 관계를 통해 알 수 있다. 명리학에서 '나'를 의미하는 일주의 기둥 아래 위치한 지지의 글자가 배우자궁이다. 이 일지의 분화 형태에 따라 백년해로, 결혼 횟수 등이 결정된다. 배우자는 자식과 더불어 내 안에 있는 세상이다. 내 안에 들인 배우자는 나와 가장 밀접하게 연결된 존재이자, 내 삶을 함께 만들어가는 동반자다. 그 누구도 아닌 배우자를 중심에 두고 의사결정을 해야 하는 것이 당연하다.

이 사람 저 사람 여러 명의 연예인을 좋아하면서 가슴속에 방이 여러 개라는 표현을 하는데, 배우자궁이 정확히 그 의미이다. 사주팔자에 배우자궁과 배우자를 뜻하는 글자가 여러 개 존재하고, 일지가 형·충·합·파로 깨져 있는 사람은 여러 번 인연을 맺게 된다. 자신의 배우자를 뜻하는 글자가 다른 비겁과 합이나 충이 되어 있으면 배우자의 이탈을 의미하고, 자신이 이탈할 수도 있다.

사전적 의미와 달리 명리학에서 말하는 궁합은 서로의 음양오행을 기준으로 길흉화복을 점쳐 맞는 사람을 찾거나 선택하는 것이 아니다. 자신의 사주팔자에 걸맞은 배우자복은 이미 정해져 있다. 진정한 의미의 명리학적 궁합은 나의 길흉화복에 잘 맞는 사람을 찾아내는 게 아니라, 서로 길흉화복이 맞아야 한다. 좋은 짝을 고르는 의미가 아니라 상대여야만 서로의 삶이 완성되는 것, 그것이 궁합이다. 나의 흉도 덮고 화도 덮고 모든 것을 길하게 만드는 배우자가 아니라 나와 같은 흐름으로 길흉화복을 경험하는 사람과 결혼하는 것이 진짜 궁합이다. 때문에 여러 사람의 사주팔자를 섞어놓더라도 결혼할 상대방은 찾을 수 있다. 서로의 사주에는 시기에 따른 비슷한 삶의 정보가 담겨 있다. 한 사람이 결혼해서 백년해로할 사주라면 상대도 그런 사주여야 한다. 이혼해야 한다면 상대방 역시 그런 사주를 가지고 있다. 결국 결혼, 이혼과 같은 중대사의 흐름이 비슷한 사람이 결혼하게 된다.

명리학에는 배우자복과 관련한 우스개가 있다. 옛날에 아주 뛰어난 명리학 스승이 있었는데, 몇 년이 지나도 제자들에게 배우자복이나 결혼에 대해 가르쳐주지 않았다고 한다. 어느 날 한 제자가 스승에게 그 이유를 묻자 스승이 한마디했다. "그걸 물어오면 안 좋다고 그러면 돼. 두 사람이 만나서 행복한 사람이 어디 있겠어." 현답이다.

궁합이 의미가 없다는 말은 상대가 아니라 자신이 그 복을 결정한다는 뜻이다. 사주팔자는 자신의 가치관이나 선택 기준이 되기 때문에 이미 자신이 상대를 고르는 기준을 가지고 있다. 상대를 고르는 기준이 단순히 외모인 사람이 재산, 역량, 인품, 취미, 태도 등을 종합적으로 고려하는 사람에 비해 배우자복이 낮은 것은 당연하다. 결국 상대가 아니라 자신이다. 이것을 알아야만 현명한 관계, 행복한 결혼이 가능하다.

궁합을 본다는 것은 두 개의 점을 이어 하나로 만들 수 있는지 알아보는 것이 아니라, 각자의 선을 얼마나 이해하고 존중할 수 있는지를 묻는 작업이다. 그런 의미에서 우리는 상대의 사주에 대해 잘 이해해야 한다. 상대의 기질, 가치관, 성향, 삶의 목적, 결핍을 알아야만 서로를 이해하고 존중할 수 있어서다.

12

사주에 새겨진
사랑의 방식

세상에 태어났을 때 나를 둘러싼 가장 기본이 되는 사회가 육친이다. 핏줄로 엮인 부모, 형제, 자식은 내가 노력하지 않아도 형성된 기본적인 사랑으로 시작된다. 선천적 사랑이다. 이 사랑은 조건 없이 주어지기 때문에 잘해도 못해도 끊어지지 않는다. 기본적인 관계의 숙명이다.

반면 연인과 배우자는 조건을 바탕으로 한 후천적 사랑이다. 명리학적으로는 정해진 관계이지만 표면적으로 서로를 '선택'했다고 여긴다. 때문에 '도전'하는 사랑이고 '쟁취'하는 사랑이며 헤어짐에 대한 '불안'을 가지고 있는 사랑이다. 훨씬 복잡하고 어렵고 그래서 더 갖고 싶은 욕망이 끓어오른다. 그 과정에서 여러 가지 마음의 부대낌이 생기고 궁금해진다. 이 사람과 내가 인연인가 아닌가, 그 사람은 왜 나를 사랑하지 않는가, 이 사랑이 지속될 수 있을까 등에 대한 답을 명리학에서 찾으려는 사람들이 많다.

현대에는 이 '사랑'에 대한 질문이 더 깊어졌다. 사회가 발전하면서 사랑의 감정과 조건도 복잡하다. 사랑에 대해 고민하는 연령의 폭도 넓어졌다. 예전엔 결혼 적령기의 젊은이들이 주로 하는 고민이었다면 지금은 나이와 관계없이 거의 전 연령층에서 사랑은 주요 관심사다.

사랑은 행복을 주지만 사랑만큼 나를 힘들게 하는 것도 없다. 현대 의학에서는 사랑을 중독현상으로 바라보기도 한다. 사랑을 시작할 때 도파민이 나오는 것이 약물에 중독될 때와 비슷하고, 관계가 깨질 때는 금단 현상과 같은 양상을 띤다는 것이다. 명리학 상담을 하면서 사람들이 삶에서 힘들어하는 주제 중 하나가 사랑이라는 걸 알 수 있었다.

명리학에서 이야기하는 사랑은 앞서 말한 배우자궁과 연관되어 있다. 태어난 날짜의 기둥 아래 지지에 있는 글자, 그 공간을 잘 봐야 한다. 배우자궁이 좋지 않은 사람들은 연애나 결혼이 순탄하지 않으니 사랑에 대한 고민도 크다. 명리학적으로 사주팔자 안에서 가장 확인하기 쉬운 것이 바로 이 사랑이다. 내가 가지고 있는 후천적 사랑의 방, 즉 일지의 지지에 놓인 글자가 다 설명해준다. 합·충·형·파에 따라 합에서도 좋은 관계의 합인지, 기울어진 에너지의 합인지에 따라, 또한 충의 정도에 따라 그 사람의 사랑에 관한 운명을 알 수 있다.

각자 다른 사주팔자 안의 사랑은 다양성이 기본이다. 동성애도 사주로 나타나는데, 배우자가 들어오는 공간이 나와 같은 오행이거나 칠살이라는 성분이 그 공간을 지배하고 있으면 동성을 사랑할 가능성이 높다. 동성애는 타고난 운명이지, 외부 요인에 의해 바뀌는 것이 아니며 잘못도 아니다. 일부 종교인들이 동성애를 터부시하며 핍박하곤 하는데 옳지 않다. 타고난 삶의 방식을 비난할 자격은 누구에게도 없다.

내가 가지고 태어난 후천적 사랑의 양과 질은 정해져 있다. 거의 대부분의 사람이 타고난 대로 사랑하고 아파한다. 명리학에서 사랑은 인간의 삶 속에서 겪어야만 하는 아주 중요한 항목이다. '나'를 뜻하는 글자의 바로 아래에 사랑의 공간이 마련된 것도 그 때문이다. 내 마음대로 되지 않고 중독에서 벗어나야 할 만큼의 고통을 느끼지만 그래도 겪어야만 하는 것이 사랑이다.

한 사람에게 만족하지 못하는 사람도 있고, 한 사람만을 바라보느라 애달픈 사람도 있다. 여러 사람과 사랑의 에너지를 쏟아 삶이 피곤한 사람도 있고, 아예 사랑을 시작하지 않는 사람도 존재한다. 사랑 앞에서 복은 스스로에게 달려 있다. 사주에 사랑의 상대에 대한 글자가 많다는 건 좋기도 하고 나쁘기도 하다. 인생에서 사랑에 쓰는 시간이 많다는 게 꼭 행복하단 뜻일까. 반대의 경우도 마찬가지다. 사랑의 에너지가 희미한 사람은 그 사람대로 좋을 수도 아닐 수도 있다.

명리학적으로는 상대를 만나는 시기와 상대의 수도 어느 정도 정해져 있다. 이렇게 하면 반감을 가질 사람도 있을 것이다. 사랑이란 인간의 고귀한 감정이자 숭고한 실존의 방식이라고 주장할 수도 있다. 맞는 말이다. 그러나 생각해보면 우리가 타인을 사랑하는 것은 나의 결핍을 메우려는 의식적 혹은 무의식적 시도이다. 그리고 그 시도의 마지막 종착지는 나 자신이다. 누군가를 사랑하고, 상대를 사랑하는 나 자신을 사랑하고, 결국 사랑하는 사람으로 존재하기 위해 더 사랑을 하게 된다. 사랑에 관해서까지 사주팔자에 나와 있는 것은 사랑이 결국 '나'로 돌아오는 여정이기 때문이다.

13

명리학이 말하는
진정한 사랑이란

상담을 하다보면 결혼 시기와 횟수, 이별과 배신 등 자신의 사랑에 대해 알고 싶어 찾아온 분이 많다. 배우자나 애인이 맞지 않아 걱정이라는 말도 많이 한다. 사실 배우자가 맞을 가능성은 거의 없다. 합이 들어온다 한들 다 좋은 것이 아니다. 매번 다른 글자를 만나기 때문에 관계도 불가피하게 변화하게 되어 있다.

명리학적으로 본다면 우리가 말하는 사랑은 없는 것일지도 모른다. 나의 생이 그렇듯 상대의 생도 마찬가지다. 각자의 흐름대로 흘러가게 되어 있다. 내 물살의 방향에 상대방은 중요하지 않다. 영원히 지속되는 관계도, 주는 만큼 받을 수 있는 관계도 없다. 에너지의 크기가 똑같이 맞물리는 일은 일어나지 않는다. 그러니 사랑 앞에 자책할 필요도, 서운할 필요도 없다. 다이어트를 하고 성형수술을 한다고 사랑이 이루어지는 것도 아니다. 나에게 사랑이 찾아올 시기가 되면 찾아오게 되어 있다. 조급하지 않아도 만나야 할 인연은 만나기 마련이다.

이렇듯 사랑운의 본질이란 사랑은 상대가 아닌 '나'의 운명에서 비롯된다는 것이다. 사랑은 '나'에게서 시작되므로 사랑의 종류는 이 세상의 사람 수만큼 많다. 몇 가지 유형만으로 나눌 수 없다. 음양의 기운에 따라서도 사랑의 방식이 달라진다. 양이 강한 사람은 적극적으로 쟁취하려 하고, 음이 강한 사람은 끌어안고 지키려는 에너지가 강하다. 오행이나 십성에 따라서도 각자에 맞는 사랑이 있다. 사랑은 하나의 정답이 아니라, 각자의 기질에서 피어난 서로 다른 꽃이라고 볼 수 있다. 타고난 성향, 내 안에 깃든 오행과 십성과 운의 흐름 속에서 사랑은 저마다 다른 얼굴을 가진다.

물론 어떤 사랑이든 결핍의 시간을 마주하게 된다. 이럴 때 사주팔자를 알고 있는 건 큰 위로가 된다. 자신의 타고난 운명을 알고 있다면 고통스러운 이별 앞에서도 자신이 나아갈 바를 찾을 수 있다. 복이든 운이든 어떻게 조합되어 내 사랑을 좌우하는지 알고 있다면 사소한 일들을 의연하게 넘긴다. 사주팔자는 내 사랑의 방식을 이야기해준다. 어떤 사랑을 할지, 실패할지 성공할지 정해져 있다.

어떤 종류의 사랑이건 관계의 열쇠가 상대에 있다고 생각하는 순간 지옥이 펼쳐진다. 사랑은 지극히 나의 영역인데 다른 사람에게서 원인을 찾을 이유가 없다. 바람 피우는 사람을 좋아했던 것도 나고, 경제적 능력이 없는 사람을 좋아한 것도 나다. 내가 어떤 글자를 가지고 태어났는지 알게 된다면 좀 더 편하게 사랑할 수 있게 된다. 왜 나는 바보처럼 사랑할 때 퍼주기만 할까. 다음부터 그렇게 하지 않겠다고 다짐하지만 어느새 또 퍼주는 사랑을 하고 있는 자신을 발견할 것이다. 대오각성하고 전혀 다른 방식의 사랑을 할 확률은 아주 낮다. 평소와는 다른 스타일의 상대를 골라 결혼을 했다면 그것은 나를 스치는 대운과 세운의 글자에 새로운 사랑운이 들어왔을 때다.

사주팔자를 통해 나의 사랑 방식을 미리 알아둔다면 조금 더 빨리 행복해지고, 조금 더 빨리 불행에서 빠져나올 수 있다. 이를테면 사랑할 때 상대를 양육하려는 성향을 가진 사람이 있다. 그 사람의 사랑 방식은 사랑하는 대상을 아이 키우듯 열심히 보살피는 것이다. 희생도 마다 않고 잘 키웠는데 어느 날 상대가 다른 사랑을 만나 떠났다. 헌신이 헌신짝처럼 버려진 상황을 견디지 못하고 스스로를 비련의 주인공으로 만들어 삶이 피폐해질 수 있는 상황이다. 그런데 헌신하며 보살피는 것이 나의 사랑 방식이라는 걸 안다면 그간의 시간이 억울해 괴롭진 않을 것이다. 물론 고통스럽다. 그러나 적어도 사랑의 실패를 자신의 탓으로 돌리진 않게 된다. 다 털고 다음으로 나아갈 준비도 가능해진다. 슬픔을 이겨낼 힘을 준다.

어느 유명 여성 기업가는 부족한 사람을 만나 훌륭하게 키워내는 사랑을 한다. 그러기를 여러 번 반복했다. 그분은 다 갖춘 잘난 사람에게는 눈길이 가지 않는다면서, 어딘가 허술한 사람이 괜히 자기를 무시하거나 젠체하면 자신이 그 사람을 훌륭한 사람으로 만들고 싶어진다고 고백했다. 실제로 그 여성의 사주 속 사랑은 그렇게 설계되어 있다. 기꺼이 주는 사랑을 하는 사람이다. 그분은 명리학을 통해 자신의 사랑 방식을 이해하고 있기 때문에 다 키워놓은 상대가 떠나더라도 크게 타격받지 않고 할 일을 한다.

나의 사랑 방식에 대해 알고 나면 상대를 원망하는 마음도 누그러진다. 사랑은 상대 때문에 망치는 게임이 아니다. 이미 내 안에 정해져 있는 운명이다. 내가 사랑을 한다. 어느 누구도 아닌 내가 하는 사랑이다. 누군가와 만드는 것이라고 생각하지만 내가 정한 대로 나의 방식대로 나아간다. 내가 그려놓은 사랑의 프레임 안에 상대가 들어왔을 뿐이다. 상대에 따라 내 사랑 방식이 달라지지 않는다. 시작도 끝도 모두 나에게 달려 있다고 생각하면 사랑의 실패가 삶의 근간을 흔들 일은 없다. 그러니 겁먹지 말고 마음껏 사랑하기를. 모든 사랑은 당신으로부터, 당신에 의해 이루어질 테니.

14

모든 인연에는
시작과 끝이 있으니

명리학은 변화를 전제로 한다. 해마다, 달마다, 심지어 시시각각 운은 흐르고 사람의 기운도 달라진다. 기운이 달라지니 생각도 감정도 변한다. 10년 전 나에게 잘 맞던 관계가 지금은 맞지 않을 수 있다. 어린 시절에는 부모와 합이 되었던 사람이 성인이 되어서는 끊임없이 갈등을 일으킬 수 있다. 이런 변화는 실패가 아니라 자연스러운 흐름의 일부로 여기고 집착하지 말아야 한다.

우리는 변화하는 삶 속에서 사랑을 잃기도 하고 새로운 사랑을 얻기도 한다. 명리학에서 이별은 부정적이지 않다. 오히려 운의 흐름을 바꿀 기회로 보기도 한다. 해로운 기운을 끊고, 새로운 흐름을 받아들이기 위한 터닝 포인트일 수 있다. 이별을 나를 위한 선택으로 받아들인다면 훨씬 편안하다. 나는 이별의 고통으로 찾아오거나, 이별하지 못한 고통으로 찾아오는 사람들에게 헤어짐의 자유에 대해 이야기한다. 세상에는 헤어지고 싶어도 헤어지지 못하는 사람들도 있다. 그들을 생각하면 헤어질 수 있다는 건 엄청난 행운이다.

상처받고, 괴롭고, 매일 후회하면서도 관계를 끊지 못하는 사람들은 합으로 이어진 인연일 가능성이 크다. 합은 명리학에서 좋은 것으로 여겨진다. "이 사람과 나는 합이 들어 잘 맞는다" "궁합이 잘 맞는다" 하는 식의 해석이 많다. 반면 충이나 파는 충돌과 붕괴를 떠올리며 꺼리는데 충으로 충돌하면 불편하고 시끄럽지만 그 과정에서 숨통이 트이고 억눌린 기운이 빠져나와 새로운 에너지를 만들어낸다. 파는 마침내 끊어내는 결단의 에너지를 갖는다.

반면 어떤 합은 지독하게 끈끈하고, 쉽게 끊어지지 않아 사람을 질식하게 한다. 겉으로는 잘 맞는 듯 보이지만, 실제로는 한쪽이 완전히 눌리고 지배당하며 괴로워한다. 한쪽의 에너지가 너무 강하면 다른 한쪽은 그 속에 흡수되거나 기운을 잃는다. 실제로 이러한 합은 붙어 있어서 불행한 관계다. 서로 끊임없이 상처를 입히며 살아간다. 주변 사람들이 보기에 도대체 왜 헤어지지 못하는 걸까 싶은데 그게 마음대로 되지 않는다. 자신

211

을 갉아먹는 걸 알면서도 빠져나오지 못하는 상태는 병적인 합의 구조다.

합에 대해 조금 자세히 설명해보자. 명리에서 합의 성질은 결속, 단결, 결합을 의미한다. 합이 되면 서로 보호되는 속성이 있는데, 좋은 작용을 할 경우 획득, 보유가 된다. 반대로 부정적으로 작용하면 소멸이 된다. 합은 천간합과 지지의 육합이 있다. 천간합은 각 글자의 지향점, 목표, 구속됨을 의미하고, 우리가 이야기하는 사랑은 보통 지지 육합, 특히 일지의 육합을 의미한다. 12개 지지를 공간 권역별로 묶어서 탄생한 것이 6개의 조합, 육합이다. 지지의 육합이 성립되기 위해서는 각 지지 간에 시간과 공간이 같아야 한다.

삶에서 보면 물리적으로 같은 시공간 안에 있어야 만날 수 있다. 만나야 사랑이 싹튼다. 이때 제3자가 개입되지 않는 것이 좋다. 이렇게 되면 합이 이루어지고, 사랑이 만들어진다. 합이 서로 구속되어 묶이는 것이니 사랑의 탄생을 의미하는데, 충 역시 만나는 것으로 볼 수 있다. 그래서 일지에 합이나 충이 많은 경우 여러 사람과 사랑을 즐길 가능성이 높다.

사랑을 이룬다는 건 끝까지 함께한다는 이야기가 아니다. 각자의 목적에 맞는 삶을 완성시켜 나아가는 과정에서 나의 마음과 상대의 마음이 만나 그 시기에 맞는 불꽃을 피우는 것이다. 삶이 목적한 바에 따라 그 불꽃이 오래갈 수도 있고, 또 꺼지고 새로운 불씨를 발견할 수도 있다. 상대도 나도 끝까지 서로를 사랑할 수도, 안 할 수도 있다. 사랑이 지속되어야 한다는 강박을 버리고 함께 사랑하게 된 바로 그 순간에 집중해야 제대로 된 사랑을 이룰 수 있다.

사랑을 영원 불변이라고 믿는 사람은 고통을 당할 가능성이 높다. 영원히 지속되는 사랑은 유니콘이나 삼족오 같은 상상 속 어떤 것이다. 어쩌면 현실의 사랑은 가장 비현실적인 단어이다. 오히려 명리에서는 사랑을 지극히 현실적이고 세속적인 것으로 설명한다. 연애나 결혼에 대한 운은 일간의 합과 일지의 지지 육합을 살펴본다. 일간은 재성이나 관성만을 합한다. 양간의 글자는 재를 합하고, 음간의 글자는 관을 합하게 된다. 남자든 여자든 재는 재물과 이성의 의미를 가지고 있다. 재성이 많으면 남자든 여자든 연애나 육체적인 사랑에 개방적이다. 관 역시 성취를 뜻하니 일간의 합은 세속적인 의미가 다분하다.

일지 육합은 12개의 지지 글자 중 동일한 권역에 있는 두 글자 간의 합이라고 설명한 바 있다. 동일한 권역이라는 것은 시간과 공간을 함께 공유하는 실체적인 사랑이라는 의미를 담고 있다. 서로 아무리 사랑하더라도 시간과 공간이 다르면 사랑이 이루어질 수 없다. 동일한 시공간에 있어야 서로를 탐할 수 있는 것이다. 이런 의미에서 연애나 결혼, 사랑에 대한 명리적 의미는 지극히 육체적이고 세속적인 뜻을 담고 있다.

사람은 누구나 어울릴 수 있는 사람과 함께할 때 비로소 본래의 기운을 잘 발현할 수 있다. 어떤 관계는 나를 무디게 만들고, 숨 막히게 하고, 나 아닌 누군가의 삶을 대신 살아가게 만든다. 그런 관계에서 벗어나는 일은 두렵지만, 동시에 가장 강력한 치유의 시작이다.

모든 인연에는 시작과 끝이 있고, 모든 합에는 강약이 있으며, 모든 충에는 이유가 있다. 만약 '지금 이건 아닌데'라는 감정을 느끼고 있다면 우주의 신호다. 내 삶을 되찾을 시간이다. 붙들고 있는 손을 놓는 것이야말로 자신을 사랑하는 첫걸음이다. 이별을 인생의 슬픈 경험이 아니라 어떤 관계에서 벗어나는 기회로 해석하자. 헤어짐은 삶에서 누릴 수 있는 큰 자유 중 하나다.

15

손절이
나를 지킬 때

살다보면 동료, 이웃, 친구, 간혹 가족까지, 이상하게 불편하고 나와 의견이 맞지 않는 사람들을 만나곤 한다. 시기마다 그런 사람들이 사라지지 않고 나타나서 괴롭다는 내담자를 만나면 되묻는다. "누군가와 사이가 좋지 않은 건 어떨 때 벌어질까요." 내담자는 그걸 몰라서 물으러 왔다는 표정이 된다. 그러면 나는 다시 묻는다. "좋아하지 않는 음식은 왜 생길까요."

　안 좋게 느껴진다는 것, 맞지 않는다는 건 주관적 해석이다. 객관적인 상황으로 인해 안 좋아지는 일은 거의 없다고 설명하면 그제야 고개를 끄덕인다. 나는 다시 묻는다. "만약 관계를 고치려면 내가 나를 고치는 게 쉬울까요. 내가 싫어하는 사람을 바꾸는 게 쉬울까요."

　맞지 않는 누군가와의 관계를 개선하는 방법은 내가 바뀌는 것이다. 그게 가장 빠르고 확실하다. 누군가가 싫다면, 그 관계를 어떻게 할지는 내가 결정해야 한다. 상대를 바꾸려고 하기보다 내가 어떤 대책을 세울지 선택하는 것이 더 현실적이다.

　내가 싫은 사람을 다른 사람이 다 싫어하는 건 아니다. 내가 좋아하지 않는 점을 가지고 있지만 다른 이에게 그 부분이 좋은 점일 수 있다. 물론 다른 사람에겐 덜 악하고, 나에게 극단적으로 악한 경우가 드물게 있다. 나에게만 가스라이팅을 할 수도 있다. 그러나 이런 상황에서도 핵심은 내가 어떻게 내 '경계'를 세울 것인가이다. 때로는 내가 너무 양보하거나 침묵해온 탓에 상대가 선을 넘기 쉬운 환경이 만들어졌을 수 있다. 하지만 이것은 잘못의 문제가 아니라, 관계의 힘의 균형을 다시 잡아야 한다는 신호이다.

　내가 바뀌어야 한다. 누군가와의 관계가 폭력적이라면 그 폭력이 계속되지 않도록 단호해야 한다. 어렵겠지만 스스로 강하게 밀어붙여야 한다. 상대는 바뀌지 않는다는 것이 대전제이다. 가스라이팅하는 사람들은 자신이 가스라이팅하고 있다는 사실조차 인지하지 못하는 경우가 대부분이다. 그런 사람들이 알아서 개과천선하기를 기대하지 말자. 그 문제에서 빠져나갈 수 있는 가장 빠른 방법은 강해져서, 다시는 나에게 함부로 하지 못하도록 해야 한다.

회사에서 나를 괴롭히는 사람이 다른 이들에게 평판이 좋을 수 있다. 그럴 때 상황을 벗어나려면 그 문제의 시발점이 나라는 인식에서 출발해야 한다. 넷플릭스 드라마 〈미지의 서울〉은 미래와 미지 쌍둥이의 이야기다. 공기업에 다니는 쌍둥이 언니 미래는 회사에서 내부고발자로 찍혀 왕따를 당하고 있다. 그것을 견디지 못해 괴로워하는 언니를 보고 미지가 대신 회사에 나간다. 회의 테이블에 자기 의자와 자기 커피만 없다는 걸 모르는 미지는 빈자리에 앉아서 옆자리의 커피를 자연스럽게 마신다. 직원들은 당황하지만 그렇다고 미지를 질책하지 못한다. 자신들도 잘못된 일이라는 걸 알고 있으므로 달라진 미지 앞에서 침묵한다.

회사 생활은 미래가 아닌 미지처럼 해야 한다. 트러블 메이커가 되라는 것이 아니라, 나에게 함부로 하지 못하도록 스스로를 지켜야 한다. 퇴근 무렵 자기 할 일을 넘기는 선배에게 "네"가 아닌 저녁 약속이 있다고 이야기할 줄 알아야 한다. 그래야 상황이 바뀐다. 저 사람과 싸워서 이기지 못할 것 같더라도 부딪혀야 한다. 부딪히는 게 정 싫다면 회사를 그만두면 된다. 문제의 해법을 나에게 두면 바뀔 수 있다. 상대를 바꾸려고 애쓰는 대신 내가 선택권을 갖고 새로운 기준과 행동을 세우는 순간 관계의 역학이 달라진다. 나는 적어도 그 문제가 지속되지 않게 할 수 있다.

어떤 경우에는 잘 지내던 사이가 하루아침에 원수가 되기도 한다. 살아가다보면 누구나 크고 작은 오해가 쌓여 등을 돌리는 순간을 겪는다. 이것이 꼭 내가 변했기 때문이라고 단정할 수는 없지만, 관계가 급격히 틀어지는 지점에는 서로가 상대에게 걸어둔 기대가 어긋나는 순간이 있다.

처음부터 그저 그런 사이라면 끝까지 그 정도의 온도로 흐른다. 하지만 처음 유난히 가까웠던 사이라면, 그만큼 마음속 기대가 컸고, 그 기대가 충족되지 않을 때 실망 또한 더 깊어져 남보다 못한 관계가 되기도 한다.

특히 회사라는 조직 안에서는 이 관계의 온도 조절이 더 중요하다. 처음엔 나에게 잘해주던 상사가 갑자기 일로 압박을 하면 더 서운하게 느껴지고, 처음 유독 상냥하던 후배가 업무 스트레스로 잠시 느슨해지면 괜히 더 신경 쓰이기 마련이다. 이때 문제는 상대가 변했다기보다 내가 처음에 관계의 온도를 지나치게 높여놓았다는 데 있다. 기분이 좋다고 처음부터 거리감을 줄여두었다가 내가 힘들어졌을 때 예전처럼 에너지를 쓰기 어려워지는 순간, 그 간극이 상대에게는 성의가 없어진 것으로 읽히기 쉽다. 결국 관계가 틀어지는 건 어느 한 사람의 잘못이 아닌 처음의 온도와 지금의 온도 사이에서 내가 어떻게 균형을 잡느냐의 문제일 수 있다.

명리학적으로 보면 비겁·상관이 왕성한 사람, 재성이 인성을 파괴한 사람, 겁살·재살·천살이 왕성한 사람, 망신살이 제대로 작동하는 사람들은 주변을 살피지 않고 자기 마음대로 행동하는 경향이 있다. 그런 사람이 곁에 있을 때 우리는 관계의 어려움을 겪는다.

비겁·상관이 왕성한 사람들은 오직 자신의 욕구와 욕심에 충실해질 가능성이 높다. 사주팔자 여덟 글자 중에 자신과 자신의 생각을 뜻하는 비겁, 상관이 세력을 이루었으니 남들을 생각할 리 있겠는가. 오직 자신의 욕심에 충실하고 다른 사람에 대한 배려가 없는 사람들이다.

재성이 약한 인성을 파괴한 사람, 탐재괴인貪財壞印도 마찬가지다. 재성은 욕구를 의미하는데, 재성이 강하고 인성은 약한 이런 경우 재성은 인성을 파괴한다. 인성이 없으면 무관하지만 약한 인성이 있으면 그렇다. 재성은 원래 인성을 극한다. 돈에 대한 탐욕과 인간성은 좀처럼 병립할 수 없다. 돈으로 모든 것을 하는 사람, 돈을 위해 모든 것을 내놓는 사람들이 그렇다.

태어난 띠를 기준으로 겁살·재살·천살이 많은 사람도 그렇다. 이런 사람들은 무엇이든지 하는 사람이다. 법률, 윤리, 상식에 상관없이 자신이 원하는 어떤 것도, 어떤 방법을 통해서라도 할 수 있는 사람들은 이런 사주를 가진 경우가 많다.

보통 사람들은 망신살을 망신당하는 운이 강하다고 생각하는데, 이것은 망신살을 잘못 이해한 것이다. 망신살은 평소와는 다르게 과감하게 결정하고, 욕심을 낸다는 뜻이다. 잘되면 망신으로 인해 성취를 얻는 것이고, 잘못되면 망신을 당하게 된다.

반대로 인성이 왕성한 사람은 생각이 많아 쉽게 저지르지 못하고, 부끄럼이 많아 쉽게 작파하는 사람들이다. 인수가 많거나, 정관이 발달되어 있으면 사람이 예의 바르고, 신용을 잘 지킨다. 이런 사람들은 성실하고 간이 작아 큰 죄를 짓지 못한다. 간혹 운에서 탐욕이 발동되어 여자나 돈 문제를 일으키는 경우가 있는데 이런 경우에도 죄가 드러나면 죗값을 몇 배로 치르게 된다. 스스로 부끄러움에 이길 수 없으니 말이다. 심하면 모든 것을 내려놓고 죽음을 택하기도 한다.

사람은 절대 변하지 않는다. 나를 괴롭히는 상대를 두고 '어떻게 사람이 그럴 수가 있을까' 고민하는 순간 이미 진 것이다. 단호하게 끊어야 한다. 방법은 단 하나다. 만나지 말아야 하고, 만났다면 1초라도 일찍 손절하는 것이다. 부부 관계도 똑같다. 부모자식 관계도, 형제 관계도 다르지 않다. 아무리 가족이라도 나를 갉아먹는 사람들이라면 손절해야 한다.

예를 들어 어떤 사주는 태어날 때부터 형제와 경쟁 구도로 짜여 있다. 그 구도는 서로의 삶에 일정한 거리나 갈등 혹은 소외를 전제로 한다. 한쪽이 강하면 다른 쪽은 약해지고, 누군가의 성취가 곧 다른 누군가의 박탈감을 유발한다. 어떤 사주는 형제가 늘 고통의 원인이 되기도 한다. 희생하고 책임지고, 때로는 자신을 잃어가면서까지 그 관계를 지켜보지만 돌아오는 건 무관심이거나 오해, 혹은 당연하다는 듯한 요구일 뿐이다. 그렇게 자신을 소진하면서도 끝내 관계를 놓지 못하는 사람은, 결국 형제를 향한 애정이 아니라 내면 깊은 곳의 죄책감과 의무감에 묶여 살아간다.

형제 관계는 의외로 단순하다. 좋으면 좋고, 나쁘면 나쁜 것이다. 문제는 나쁜 관계를 계속 머릿속에 붙들고 살아가는 태도에 있다. 어떤 사람은 형제를 끊어내지도 못하고 껴안지도 못한 채 매일 괴로워하며 살아간다. 그것은 마치 집 안에 치우지 못한 쓰레기를 두고 그것만 쳐다보며 살아가는 것과 같다. 쓰레기가 싫으면 밖에 내다버려야 한다. 버리지 못한다면 최소한 그것에 신경을 꺼야 한다. 같은 공간에 놓여 있는 건 어쩔 수 없지만 매일 그것만 들여다보며 분노하고 혐오하고 원망하면 결국 내 삶이 그 냄새로 가득 차게 된다. 관계를 정리하고, 그게 안 된다면 운명으로 받아들이고 거리를 두어야 한다.

만약 도저히 나와 맞지 않는 사람을 떠날 수 없는 상황이라면 그 사람을 어떻게 바라볼 것인가를 새롭게 정립해야 한다. 불편한 관계를 억지로 좋게 만들라는 게 아니다. 그 관계에 잠식당하지 않을 방법을 찾아야 한다.

불편해도 참고 관계를 맺으면 원망만 커진다. 내가 참아줬다는 마음으로 끊임없이 억울하다. 관계에서 이런 믿음이 고통의 시작이 될 수도 있다. 잘해줬다는 건 누구의 기준인가. 내가 할 수 있어서 한 행동, 내가 옳다고 생각해서 한 선택, 내 감정에 따라 베푼 배려를 상대가 속속 알아주기를 바라는 건 욕심이다.

해결책을 상대에게서 찾기 시작하는 순간 절대로 해결할 수 없다. 사주팔자를 차치하고라도 행복해지려면 관계의 주도권을 내가 가지고 있어야 한다. 내 행복의 열쇠를 다른 이에게 넘겨주지 말자.

16

행복은
결핍 사이에 뜨는 잠깐의 햇살

사피어-워프 가설은 언어가 단순한 소통의 수단을 넘어, 인간의 사고방식과 세계 인식의 구조를 형성한다는 관점을 담은 이론이다. 이 가설에 따르면 어떤 언어를 쓰는가에 따라 세상이 달라 보이는 것은 물론 같은 사물을 보고도 전혀 다른 방식으로 이해한다.

사주 상담을 할 때마다 이 이론에 전적으로 동의하게 된다. 가장 많이 등장하는 단어가 '운'이다. 좀더 구체적으로 행운이나 불운에 대한 질문이 많다. 행운이 찾아올까요. 불운은 언제쯤 사라질까요.

행운과 불운. 그 단어를 쓰는 순간, 어느 사건이나 시간을 운이 좋았는가, 나쁜가로 해석하게 된다. 괜한 의미 부여가 시작되면서 감정과 행동도 단어에 끌려간다. 행운과 불운이 실체가 있는 것처럼 말하고 행동하지만 사실 인과를 단순화하기 위한 인간의 해석 방식일 뿐이다. 실제로 내게 일어난 어떤 사건은 수많은 변수와 선택의 결과다. 하지만 복잡한 인과관계를 받아들이기 어려워 행운, 불운이라는 단어로 상황을 정리하려는 것이다.

행운이라는 것에 너무 집착하거나 불운에 몰두해 있다면, 그런 말에 매이는 순간 삶의 주도권이 내가 아닌 세상이 정해놓은 기준으로 넘어가버려 잘못된 의사결정을 하기 쉽다. 삶을 결정짓는 건 내가 무엇을 인식하고 어떻게 반응하는가이다.

30대 초반, 연봉이 1억 원인 사람과 3천만 원인 사람이 있다. 연봉 1억 원의 청년은 세후 700만 원 정도의 월급을 받으며 회사 생활을 한다. 넘치지도 않지만 모자라지도 않는 금액이다. 연봉 3천만 원의 청년은 1억 원 연봉의 3분의 1이 채 되지 않는 월급으로 살아야 한다. 이 두 청년에게 똑같이 창업의 기회가 왔다. 1억 원 연봉의 청년은 고민할 것이다. 월 700만 원의 고정 수입을 버리는 선택은 쉽지 않다. 반면 연봉 3천만 원의 청년은 상대적으로 쉽게 도전해볼 수 있을 것이다. 이 두 청년의 경우, 행운은 누구를 향한 것일까. 불운은 누구의 것일까.

같은 상황이 누군가에게는 기회이고 또 누군가에게는 불행이다. 삶에서 일어나는 많은 상황들은 사실 행운인지 불운인지 명확한 구분이 불가능한 것이 많다. 교통사고를 당해 다쳤는데 보험금을 탔다면 행운인가 불운인가. 돈이 중요한 상황이면 오히려 행운일 테다. 해고를 당한 후에 재취업이 안 되는 것은 불운의 연속처럼 보이지만, 결국 창업하여 성공하게 되면 오히려 행운인 것이다. 그러니 행운과 불운으로 나눠 자신을 옭아매지 말고 그 말 너머의 나만의 길을 살펴야 한다. 사주팔자를 해석할 때 글자마다 매일 것이 아니라 전체 구조를 봐야 하는 것과 같다.

　　사주에 좋은 운이 찾아왔다고 해서 무조건 인생이 술술 풀리는 것도 아니고 또 조심해야 할 때라고 해서 반드시 고통만 가득하지는 않다. 두려워하지도 말자. 일이 잘 풀리지 않는다는 건 삶의 방향을 바꾸는 강력한 에너지로 작용할 수 있다.

　　거의 모든 성장이 실패를 통해 온다. 아파봐야 건강의 소중함을 알게 되고, 헤어진 후에 비로소 사랑을 깨닫는다. 고통으로 더디게 지나는 시간은 행운으로 가는 길목에서 나를 마주하는 귀한 시간이다. 행운도 같다. 신나고 행복하고 모든 걸 다 가진 것 같은 그때 기억해야 한다. 절대로 영원한 것은 없다는 것을. 곧 사라질 운이라는 걸 알고 차분히 준비하면 다시 어려운 시간이 찾아왔을 때 덜 괴로워하며 행운을 기다릴 수 있다.

세상에 행운만이 가득한, 완벽하게 행복한 사람은 없다. 100만여 가지 삶의 목적이 있는 만큼 100만여 가지의 결핍이 존재한다. 다만 행복한 순간이 존재하고, 그 순간을 지속할 줄 아는 사람들은 있다. 그들은 스스로 행운을 만들어낸다.

완벽한 행복이 존재하지 않는 것은 명리학적으로 봤을 때 완벽한 삶의 상황이다. 스물두 글자 중 여덟 글자만을 가지고 태어난 우리는 결핍이 자연스럽고 그 결핍을 경험하며 삶의 목적을 달성한다. 불운은 나에게만 찾아오지 않는다. 누구나 불행하고 누구나 불안하다. 나보다 잘나 보이는 친구도, 나보다 먼저 승진한 동료도, 화려해 보이는 유명인도, 고위관료도 재벌도 제 몫의 결핍이 있고, 그래서 불행하다. 차마 말하지 못하는 속내가 있고, 치부가 있고, 아픔이 있다. 인간은 그런 존재다.

그저 결핍의 사이사이 잠깐씩 뜨는 햇살 같은 행복을 온전히 만끽하고 기억하면 된다. 기쁨도 슬픔도 지나가는 것이다. 행운, 불운, 행복, 불행 같은 세상이 정해준 언어에 나를 가두지 말고, 내 사주가 흐르는 방식 그대로 삶을 느껴보자. 운은 밖에서 오는 것이 아니라, 결국 나를 통해 흘러간다. 모든 결핍은 불행이 아니고, 모든 충만이 행운이 아니라는 사실을 기억하고 세상을 좀 더 넓고 깊고 크게 마주하자. 주어진 삶의 목적대로 살아가는 것, 그것이 지금 당신이 해야 할 일이다.

부록 2
흔들릴 땐 명리학

운이 안 따를 때

나쁜 운은 좋은 가면을 쓰고 다가온다. 그 좋은 빛에 반해 무장해제하고 경거망동하면 비로소 본색을 드러낸다. 반면 좋은 운은 아주 사나운 모습으로 찾아온다. 절망하고 포기할 때 비로소 환하게 웃으며 안아준다. 운이 따르지 않는다고 절망하지 말자. 우리가 할 수 있는 건 오직 새옹지마의 이치를 알고 일희일비하지 않는 것이다. 시간의 주인은 따로 있다. 시간을 믿고 기다리면 좋은 때가 온다. 명리학에서는 대운, 세운이 바뀌는 시점을 운의 전환기로 본다. 운의 전환기엔 반드시 진통이 따른다.

도전이 두려울 때

일어날지도 모를 일이 두려워 시도하지 않는 것은 바보 같은 삶이다. 차 사고가 두렵다고 차를 주차장에만 세워 둘 것인가. 이별이 두렵다고 사랑을 포기할 것인가. 안정적인 삶만을 목적으로 삼는다면, 차라리 감옥에 가야 한다. 명리학에서는 변화와 움직임이 곧 삶의 본질이라고 본다. 정지해 있는 삶에는 새로운 길이 열리지 않는다. 원하는 것이 있다면 상처를 얻고 고통을 겪더라도 나아가야 한다. 머리를 물에 담가야 비로소 몸이 물에 뜬다. 물이 두렵다고 고개를 쳐들고 있다가는 빠지기 십상이다. 두려운 것은 피하면 더 악화된다. 무엇이든 과감히 직면하고 덤비시라. 사랑, 관계, 돈, 건강, 행복… 얻고 싶다면 도전해야 한다.

행복을 찾고 싶을 때

행복은 단순히 자기가 가진 것에서 오지 않는다. 아무리 많이 가졌어도 자신이 원하는 한 가지가 없으면 삶은 고통이다. 그래서 가진 것이 다 달라도 결핍 앞에서는 모든 사람이 공평한 것이다. 종교에서 말하는 것처럼 마음을 비운다고 행복해지지는 않는다. 그렇다면 어떻게 해야 할까. 자신의 사주팔자에 새겨진 목적과 결핍을 알아야만 고통의 뿌리를 직면할 수 있다. 그것을 이해할 때 비로소 앞으로 나아가고, 결핍 속에서도 행복을 찾을 수 있다.

삶이 후회될 때

많은 사람들이 과거에 발목 잡혀 불행한 현재를 살고, 미래를 망친다. 나아가, 오지도 않는 미래에 대한 걱정으로 오늘의 자신을 괴롭힌다. 그런데 우리는 태어나서 죽을 때까지 단 한 번도 같은 글자나 에너지를 만나지 않는다. 지나간 과거의 글자는 다시 오지 않고, 오늘 걱정한다고 미래에 오는 글자가 달라지지 않는다. 이미 각인된 것이다. 태어나 죽을 때까지 모든 것이 거대한 스토리라인이다. 우리가 행복해지기 위해서는 후회되는 과거 역시 필연이라 인정하고 흐르는 물에 보내야 한다. 미래 역시 달라지지 않는다는 믿음으로 오늘만 사는 것이 답이다.

새로운 인연 앞에서 망설일 때

'음양의 조화'가 뜻하는 진정한 의미는 음양이 달라야 에너지를 줄 수 있다는 것이다. 같은 음, 같은 양끼리는 서로 에너지를 파한다. 주위에 동성만 있거나, 비슷한 사람만 존재한다면 진짜 자신이 힘들 때 에너지를 얻을 수 없다. 그래서 가장 좋은 친구는 이성 친구다. 힘들 때 비로소 제대로 된 에너지를 얻을 수 있다. 동성이라도 자신과 다른 사람이 필요한 이유다. 나이가 들어 이제 귀찮으신가. 그래도 우리는 새로운 인연을 만나는 데 주저하지 말아야 한다.

개운으로 인생이 달라지고 싶을 때

사람들은 개운을 위해 이름을 바꾸고, 집을 옮겨 다니고, 부적을 쓰고, 굿을 하기도 한다. 그런데 실상 바뀌는 것은 없다. 그래서 나아질 것이면 세상은 유토피아다. 삶의 목적과 결핍은 태어나는 순간 확정되는 것이다. 개명, 부적, 굿은 절대 효과가 없다. 오히려 자신의 삶을 황폐화시킨다. 그럼 개운은 없는 것일까. 아니다. 개운의 본질은 마음의 변화, 단절 그리고 땅을 딛고 서는 것이다. 현재와 달라지고 싶으신가. 마음을 바꿔야 한다. 마음의 기준을 바꿔야 한다. 나쁜 관계는 끊어내야 한다. 좋은 흙을 밟고 살아야 한다. 결국 개운은 자신을 변화시키는 것이다.

마음이 조급해질 때

똑같은 소나무라도 11월 이후에는 그 가지를 꺾어 불을 땔 수 있다. 그러나 봄, 여름, 가을 소나무 가지는 물이 많아 연기만 가득할 뿐 불을 지필 수 없다. 모든 것은 때가 있다. 때를 알고 기다리면 행복과 성취를 만나게 된다. 대운, 세운은 계절처럼 흐르고 열매는 계절이 와야 맺힌다. 지금은 그저 나의 계절이 아닐 수 있다.

되는 일 하나 없을 때

사업하는 사람은 없는 돈을 투자하여 돈의 구속을 받고, 공부하는 사람은 현재의 시간을 지루한 고독으로 채워야 하고, 운동하는 사람은 자신의 육체를 갈아넣어야 비로소 원하는 것을 얻는다. 사랑을 원하면 거절당하는 수모를 참을 수 있어야 한다. 두려움에 아무것도 하지 않으면 얻는 것도 없다. 태어난 순간 모든 것을 얻은 사람조차 그것을 지켜야 하는 고통이 있다. 성취는 견뎌야 비로소 완성된다. 지금 고통스럽고 불안하신가. 그 고통과 불안이 당신이 원하는 곳으로 데려다줄 수도 있다. 방법은 단 하나다. 즐기시라, 이겨내시라. 다른 방법이 없다.

꼭 이루고 싶은 게 있을 때

행복의 출발점은 순리를 따르는 것이다. 순리란 곧 자신의 사주팔자에 각인된 목적과 결핍을 이해하는 것이다. 순리대로 산다면 고통과 불행은 없겠지만, 그럼에도 불구하고 자신이 원하는 것이 있다면 답은 간단하다. 도전하시라. 삶의 목적은 고통을 회피하기 위해 아무것도 하지 않는 것이 아니라 도전해나가는 과정이다. 이루어져도 좋고 비록 실패하더라도 자신이 원하는 것을 위해 최선을 다하지 않았나. '그때 그랬더라면' 하면서 평생 후회하고 살 것인가. 아니면 실패하더라도 훌훌 털어버리고 앞으로 나아갈 것인가.

관계 속에서 힘들 때

절대적으로 좋은 관계란 없다. 자신의 오행을 보완해주는 사람이 있다는 건 허무맹랑한 이야기다. 사람 간의 궁합은 그래서 없는 것이다. 오히려 운의 흐름이 달라지면 아무리 좋은 관계도 멀어지게 된다. 지금의 관계가 힘든가. 상대를 만나 감정 소모가 심하고 힘이 들면 과감히 단절해야 한다. 그것이 부모, 형제, 배우자라고 해도 당연하다. 친구나 동료는 말할 것도 없다. 상대가 바뀌기를 희망하는 것 역시 무모한 기대다. 가장 바보 같은 행동은 나로 인해 상대가 변할 것이라는 믿음이다.

번아웃이 찾아왔을 때

살다보면 유난히 힘든 날들이 있다. 그럴 때는 억지로 무게를 견디며 저항하지 말고 내려놓자. 더 열심히 살지 않아도 된다. 옛 이야기를 보면 어느 마을에나 가장 가난한 사람이 가장 오랫동안 일을 했다. 지금 상황이 좋지 않다고 더 열심히, 더 성실히 살아야겠다고 다짐하지 말라. 오히려 방법을 바꾸거나 환경을 바꾸라. 여행, 운동, 음주가무, 무엇이든 자신을 위한 시간을 갖자. 삶의 무게를 들어올려도 끄떡없을 체력을 기르는 데 집중하자. 쉬면서 원인을 찾는 것도 좋다. '더 열심히' '더 성실히'는 답이 아니니 쉬시라. 휴식은 상황을 반전시키는 열쇠다. 사주는 정체되어 있을 때보다 순환할 때 힘을 낸다. 과로로 기운이 막히면 운의 흐름도 함께 막힌다.

사랑하는 사람과 다툴 때

사랑하는 상대와의 갈등에서 모든 문제의 답은 오직 자신에게 있다. 상대를 선택한 자신부터 시작해야 올바른 답을 찾을 수 있다. 세상의 이치가 이러하니 상대에 따라 내 운명이 바뀔 수 있다는 생각을 버려야 한다. 남이 잘해줘야, 남이 도와줘야, 남이 바뀌어야 행복한 사람은 절대로 행복 가까이 갈 수 없다. 사주팔자는 나를 기준으로 세계를 해석한다. 타인을 바꾸기보다 나의 글자를 이해해야 한다.

삶의 변화를 마주했을 때

실직, 이직, 이별, 다툼, 충돌이 생기면 그 뜻이 무엇인지 잘 살펴야 한다. 보이는 모습 그대로가 아닐 가능성이 높기 때문이다. 삶에서 변화는 아주 중요한 역할을 담당한다. 문제는 그것을 싫어하고 거부한다는 데 있다. 변화는 결핍을 만드니 인내해야 하고, 새로운 것을 요구하니 마음을 바꾸고 실행해야 한다. 귀찮고 힘이 드는 일이다. 그래도 반드시 좋은 일이 온다. 새옹지마, 전화위복이라는 말이 괜히 있는 것이 아니다. 운의 흐름이 좋지 않은 시기를 변화의 신호로 해석하기도 한다. 변화 없이는 새로운 운도 오지 않는다.

자식이 기대에 못 미칠 때

자신을 기준으로 자식을 판단하거나, 자신이 원하는 것을 기준으로 자식에게 요구하면 서로에게 불행이 시작된다. 뱀에게 독은 자신을 지키는 것이지만, 다른 동물에게는 생명을 빼앗는 도구다. 그래서 자식을 기준으로 독인지 약인지를 생각해야 한다. 부모의 기준이 아니다. 자식을 위해 자신을 희생했다고 그 대가를 바라지도 마시라. 희생인지 강요인지 알 수 없다. 내가 그런 것처럼 자식에게도 고유한 삶의 목적과 결핍이 있다. 나이가 어리더라도, 모두 자신만의 고유한 삶이 있는 인격체다. 존중하시고 사랑하시라. 있는 그대로.

나를 찾고 싶을 때

나를 찾고 싶을 때는 내가 누구인지 알아야 한다. 자신의 삶의 목적과 결핍을 알아야 한다. 그런데 우리는 자신의 역할을 곧 자신이라 착각한다. 가족, 직장, 사회, 관계 속에서의 역할을 기준으로 자신을 찾는다. 그래서야 자신은 찾을 수 없다. 오직 자신에게 요구되는 것만 찾을 수 있다. 요구되는 역할을 잘한다고 행복해지는 것이 아니다. 그럴수록 자신은 비워갈 뿐이다. 언제까지 남을 위해 자신에게 요구되는 역할만 할 것인가. 지금이라도 나를 찾으려면 내가 무엇을 원하는지, 언제 행복한지 알아야 한다. 당장 자신을 보자. 주위를 살피지 마시라.

남이 부러워 자신이 초라해질 때

모든 사람이 부러워하는 삶을 가진 사람이라도 자신만의 결핍과 고통이 있다. 그런 의미에서 모든 사주팔자는 같다. SNS에 노출된 사진이나 영상을 부러워할 일이 아니다. 그들 역시 보여주고 싶은 것만 보여주는 것이다. 자신의 결핍을 어떻게 포장하는지 보여주는 것이다. 우리가 집중해야 할 것은 우리 자신의 목적과 결핍이다.

다른 의미에서의 좋은 사주와 나쁜 사주는 있다. 유독 남과 비교하면서 불행해지고, 남의 시선으로 자신을 고통에 내모는 사람이 있다. 그건 나쁜 사주다. 반면 자신에게 집중하는 사람들이 있다. 당연히 좋은 사주다. 남의 시선을 신경 쓰지 마시라. 그들은 나에게 관심이 없다. 그들 역시 자신의 삶이 더 중요하다.

실수를 반복할 때

모든 삶에는 숙제 같은 업이 존재한다. 돈이 될 수도 있고, 명예, 이성, 형제, 부모, 자식, 심지어 자신이 될 수도 있다. 족쇄처럼 잊을 만하면 같은 문제가 생기고, 똑같은 실수를 반복하며 쉽게 벗어나지 못한다. 타고난 업을 아는 건 중요한 일이다. 사주팔자를 잘 살펴 자신이 약한 글자를 알면 왜 같은 실수가 반복되는지 이해할 수 있다. 삶의 숙제를 제대로 알게 되면 업에서 해방돼 관조할 수 있다. 진정한 자유를 얻는 것이다.

신년운세가 궁금할 때

무슨 해에 어떤 띠는 건강, 돈, 관재구설 등 악운을 조심해야 한다는 말은 터무니없는 소리다. 현혹되지 않아야 한다. 사주팔자 중 한 글자만 달라도 다른 인생을 사는데, 띠가 같다고 같은 인생일 리 만무하다. 띠별, 일간별, 일주별, 월별 운세와 삼재도 마찬가지다. 불안 심리에 기댄 돈벌이에 악용되는 일이다. 운은 먼 미래의 점괘가 아니라 지금의 관계 속에 깃들어 있다. 지금 누구와 함께하고 있는지, 어떤 사람과 새로운 관계를 맺고 어떤 사람과 멀어지고 있는지가 바로 지금의 운이다. 운이 궁금하다면 허황한 띠 운세에 기대기보다 내 곁의 사람들을 돌아보는 것이 먼저다.

꿈이 족쇄가 될 때

꿈이란 희망이다. 그런데 때론 꿈이 자신을 옭아맬 때가 있다. 실바람 같은 작은 희망, 혹시나 하는 헛된 기대를 되풀이하면서 시간이 지날 때 우리는 초조하고 비참해진다. 이럴 때 판단해야 한다. 만약 꿈을 버릴 수 있다면 그 꿈을 다른 것으로 채우면 된다. 그런데 만약 꿈을 버릴 수 없다면 우리가 할 일은 두려움 없이 도전을 계속하는 것이다. 매순간 우리에게 다가오는 글자는 변화하므로 결국 좋은 때는 올 것이라는 믿음을 가지고서. 그런데 꿈을 버리지도 못하고, 두려워만 한다면 결국 삶은 고통일 뿐이다. 자, 그러면 어느 쪽을 선택할 것인가.

사주의 위로

1판1쇄 펴냄 2026년 1월 12일

지은이 손철호

펴낸이 김경태
구성 이재영
편집 조현주 홍경화 강가연
디자인 박정영 김재현
마케팅 정현우 정보경

펴낸곳 (주)출판사 클
출판등록 2012년 1월 5일 제311-2012-02호
주소 03385 서울시 은평구 연서로26길 25-6
전화 070-4176-4680
팩스 02-354-4680
이메일 bookkl@bookkl.com
ISBN 979-11-94374-59-6 03150

출판사 클의 책을
만나보세요.